政府采购投标文件编写
——从新手到高手

旭之辉咨询　组编
刘海桑　编著

机械工业出版社

本书详细介绍了政府采购投标文件的编写。内容主要包括如何读透、读懂招标文件，如何发现、识别招标文件常见的七类"坑"，如何对招标文件和招标过程进行质疑、投诉、行政复议或行政诉讼，如何制定投标决策，以及如何做好形式审查、资格审查、符合性审查、获得技术商务和报价高分的十六种方法和策略等。

本书适合投标人（供应商）以及相关专业的学生使用。

图书在版编目（CIP）数据

政府采购投标文件编写：从新手到高手/旭之辉咨询组编；刘海桑编著. —北京：机械工业出版社，2024.4
ISBN 978-7-111-75469-5

Ⅰ.①政… Ⅱ.①旭… ②刘… Ⅲ.①政府采购-招标-文件-编制②政府采购-投标-文件-编制 Ⅳ.①F810.2

中国国家版本馆 CIP 数据核字（2024）第 062403 号

机械工业出版社（北京市百万庄大街 22 号 邮政编码 100037）
策划编辑：闫云霞 责任编辑：闫云霞 关正美
责任校对：潘 蕊 张亚楠 封面设计：张 静
责任印制：单爱军
北京虎彩文化传播有限公司印刷
2024 年 5 月第 1 版第 1 次印刷
184mm×260mm・9 印张・215 千字
标准书号：ISBN 978-7-111-75469-5
定价：55.00 元

电话服务 网络服务
客服电话：010-88361066 机 工 官 网：www.cmpbook.com
010-88379833 机 工 官 博：weibo.com/cmp1952
010-68326294 金 书 网：www.golden-book.com
封底无防伪标均为盗版 机工教育服务网：www.cmpedu.com

前言
Foreword

　　随着政府采购越来越普遍，投标人要编好投标文件确非易事，这不仅因为缺乏政府采购招标文件的标准范本，还因为涉及政府采购全流程的十几个环节，更因为政府采购的范围甚广，涉及各行各业。为此，本书专门邀请了政府采购领域的实战专家刘海桑博士作为主笔，其做过不同项目的采购人代表（甲方），供应商（乙方），招标代理的顾问（丙方），财政、建设、发改、科技等系统的评委（丁方），招标人、投标人、高校师生、五大员的培训讲师和诉讼咨询专家（戊方），还拥有非常多样的乃至行政诉讼的庭审经历。本书从不同维度对政府采购实操进行了解读。

　　本书分为 7 章：

　　第 1 章介绍纸质版和电子版招标文件的保存。

　　第 2 章介绍如何通读和细读招标文件。

　　第 3 章介绍如何识别招标文件七种类别的"坑"。

　　第 4 章介绍如何质疑招标文件、投诉、行政复议或行政诉讼。

　　第 5 章介绍如何制定投标决策。

　　第 6 章介绍如何编制投标文件，包括形式审查、资格审查、符合性审查、技术商务得分、报价得分的巧应对。

　　第 7 章介绍如何编制其他响应文件。

　　为便于给读者一个更具体的认识，本书汇聚了 123 个案例。

　　本书作为《政府采购、工程招标、投标与评标 1200 问》（第 3 版）的姊妹篇，希望对读者有所帮助。

　　由于政府采购的范围广，各地的政策有所差异，读者应注意当地的特殊规定；投标人应掌握时间的主动权，对于上千万乃至上亿金额的招标投标项目，最好咨询相关的或外地实战专家。联系方式：微信号：jcqbx-666，Email：palmae@ 163. com。

旭之辉咨询

目 录
Contents

前言

第1章　如何保存招标文件 ······· 1

1.1　纸质版招标文件的保存 ······· 1

1.2　电子版招标文件的保存 ······· 1

第2章　如何读懂招标文件 ······· 2

2.1　招标文件的通读 ······· 2

2.1.1　准备工作 ······· 2

2.1.2　掌握招标文件结构 ······· 2

2.1.3　投标邀请书 ······· 3

2.1.4　投标人须知前附表 ······· 10

2.1.5　投标人须知 ······· 14

2.1.6　投标文件的审查和评标 ······· 15

2.1.7　招标内容及要求 ······· 28

2.1.8　政府采购合同（范本） ······· 29

2.1.9　投标文件编制格式 ······· 32

2.2　招标文件的细读 ······· 32

2.2.1　"知彼" ······· 32

2.2.2　"知己" ······· 43

第3章　招标文件有哪些"坑" ······· 49

3.1　前后不一致 ······· 49

3.1.1　格式条款所致 ······· 49

3.1.2　与政策变动相关 ······· 50

3.1.3　其他 ······· 52

3.2　缺漏 ······· 52

3.2.1　评分项有空档 ······· 53

3.2.2　评分表疑似缺项 ······· 53

3.2.3　附件缺漏 ······· 53

3.3　模棱两可 ······· 53

3.3.1　资格类模棱两可 ······· 53

3.3.2　评分类模棱两可 ······· 54

3.4　滞后公布 ······· 54

3.5　资格类过高要求 ······· 54

3.6　评分类过高要求 ······· 55

3.7　投标时间过短 ······· 55

第4章　如何质疑招标文件、投诉、
**　　　　行政复议或行政诉讼** ······· 56

4.1　质疑 ······· 56

4.1.1　质疑的范围、期限和形式 ······· 56

4.1.2　质疑的对象 ······· 56

4.1.3　质疑的内容 ······· 57

4.1.4　质疑函的内容 ······· 58

4.1.5　质疑的注意事项 ······· 58

4.2　投诉 ······· 59

4.2.1　投诉的范围、期限和形式 ······· 59

4.2.2　投诉的对象 ······· 59

4.2.3　投诉的内容 ······· 59

4.2.4　质疑答复函的内容 ······· 59

4.2.5　投诉书的内容 ······· 59

4.2.6　投诉的注意事项 ······· 60

4.3　行政复议 ······· 60

4.3.1　行政复议的范围、期限和
　　　　形式 ······· 60

4.3.2　行政复议的对象 ······· 61

4.3.3　行政复议的内容 ······· 65

4.3.4　行政复议申请书的内容 ······· 65

4.3.5　申请行政复议的注意事项 ······· 65

4.4　行政诉讼 ······· 66

4.4.1　行政诉讼的范围、期限和
　　　　形式 ······· 66

4.4.2　行政诉讼的对象 ······· 67

4.4.3　行政诉讼的内容 ······· 67

4.4.4　行政诉讼当事人 ······· 67

4.4.5　证据 ······· 68

第5章　如何制定投标决策 ………… 75
5.1　制定决策目标 ………………… 75
　5.1.1　目标和目的易混淆 ……… 75
　5.1.2　决策目标的四大指征 …… 76
　5.1.3　决策目标的类型 ………… 76
5.2　中标路径分析 ………………… 77
　5.2.1　细致 ……………………… 77
　5.2.2　精致 ……………………… 78
　5.2.3　极致 ……………………… 78
5.3　决策之一：取与舍的评估 …… 78
　5.3.1　避免当"陪练" …………… 78
　5.3.2　如何应对"意向中标人" … 80
5.4　决策之二：得与失的评估 …… 82
　5.4.1　是质疑、投诉……还是静观
　　　　其变 ……………………… 83
　5.4.2　请专家的得与失 ………… 84

第6章　如何编制投标文件 ………… 86
6.1　形式审查巧应对 ……………… 86
　6.1.1　纸质标形式审查巧应对 … 86
　6.1.2　电子标形式审查巧应对 … 87
6.2　资格审查巧应对 ……………… 88
　6.2.1　基本资格审查巧应对 …… 88
　6.2.2　专业（行业）资格审查巧应对 … 100
　6.2.3　特殊资格审查巧应对 …… 105
　6.2.4　投标函审查巧应对 ……… 106
　6.2.5　投标保证金缴交巧应对 … 107
6.3　符合性审查巧应对 …………… 108
　6.3.1　有效性 …………………… 108
　6.3.2　完整性 …………………… 109
　6.3.3　响应性 …………………… 117
6.4　技术商务得分巧应对 ………… 120
　6.4.1　评分类型 ………………… 120
　6.4.2　客观分的主观认定与主观分的

　　　　客观认定 ………………… 122
　6.4.3　决策之三：警醒评委漏与全 … 123
　6.4.4　决策之四：提醒评委对与错 … 123
　6.4.5　决策之五：唤醒评委好与差 … 124
　6.4.6　决策之六：开门见山 …… 125
　6.4.7　决策之七：直击痛点 …… 125
　6.4.8　决策之八：抛砖引玉 …… 125
　6.4.9　决策之九：一举数得 …… 126
　6.4.10　决策之十：先入为主 …… 126
　6.4.11　决策之十一：锦上添花 … 126
　6.4.12　决策之十二：与其伤其十指
　　　　　不如断其一指 ………… 128
　6.4.13　决策之十三：顺势而为 … 128
　6.4.14　决策之十四：韩信用兵多多
　　　　　益善 …………………… 129
6.5　报价得分巧应对 ……………… 130
　6.5.1　决策之十五：两利相权取其重，
　　　　　两害相权取其轻 ……… 130
　6.5.2　决策之十六：四两拨千斤 … 130

第7章　如何编制其他响应文件 …… 131
7.1　响应文件的类型 ……………… 131
7.2　谈判响应文件的编写 ………… 131
　7.2.1　只对报价进行谈判的项目 … 131
　7.2.2　需要对技术要求进行谈判的
　　　　项目 ……………………… 132
7.3　询价响应文件的编写 ………… 132
7.4　单一来源采购响应文件的编写 … 132
7.5　磋商响应文件的编写 ………… 132
　7.5.1　非PPP项目 ……………… 132
　7.5.2　PPP项目 ………………… 132

参考文献 ……………………………… 133
案例索引 ……………………………… 134

第 1 章

如何保存招标文件

招标文件的保存，不仅是为投标文件编写提供依据，也是为日后可能出现的质疑、投诉、行政复议、行政或民事诉讼提供证据。

1.1 纸质版招标文件的保存

如果招标人或招标代理机构仅提供纸质版招标文件，那么这份纸质版招标文件通常是盖有招标人和（或）招标代理机构的公章，该原件应归档保存，不能涂改，投标文件的编写人员、现场勘查人员等应当使用其复印件。

该招标文件的所有澄清、更正的原件（若为网络公告，应直接打印出来），应当与该招标文件保存在同一个档案袋中，档案袋上应标明招标项目名称、编号、招标公告的日期。

> 案例 1-1：有一个朋友找到笔者，说他的朋友未中标，怀疑有猫腻，笔者提出要先看一下对方的招标文件。后来，朋友回复，说他的朋友投标后就没有保留招标文件。笔者回复说，招标人可没有义务帮助投标人保存招标文件。

1.2 电子版招标文件的保存

应将所有的招标文件存在同一个硬盘，每一个招标文件都设置一个文件夹，文件夹的名称为：招标公告日期+招标项目名称，以此方式命名可以确保文件夹按照时间顺序排列，便于查找。

该招标文件的所有澄清、更正都与该招标文件保存在同一个文件夹。

为避免误删或计算机出故障打不开文件，上述电子文档应备份在其他计算机或以纸质版方式保存，纸质版保存方式同本章1.1。

如果招标文件或其附件是 Word 文件而非 PDF，应防止误操作导致的对招标文件的修改，可以采用设置修改密码，或备份一个新文件。

第**2**章

如何读懂招标文件

2.1 招标文件的通读

2.1.1 准备工作

1. 纸质版招标文件

将招标文件完整复印后，原件存档。

准备好红色水笔、不同颜色的荧光笔用于招标文件复印件的标记。

2. 电子版招标文件

将招标文件完整打印或直接在线打印出来。招标文件通常有几十页甚至上百页，如果没有打印出来，投标文件的编写很可能出现差错，也不容易发现招标文件中的前后不一致等问题。

同样，准备好红色水笔、不同颜色的荧光笔用于招标文件打印件的标记。

2.1.2 掌握招标文件结构

货物、服务政府采购项目的招标文件与工程类的招标文件不同，后者有范本（如标准施工招标文件），而前者采购对象的种类繁多，没有通用的范本，时常没有目录，因而在编写投标文件之前，一定要搞清楚招标文件的结构，以免出现遗漏承诺事项等不必要的差错。

根据《政府采购货物和服务招标投标管理办法》（财政部令第 87 号），招标文件应当包括以下主要内容：

1) 投标邀请。

2) 投标人须知（包括投标文件的密封、签署、盖章要求等）。

3) 投标人应当提交的资格、资信证明文件。

4) 为落实政府采购政策，采购标的需满足的要求，以及投标人须提供的证明材料。

5）投标文件编制要求、投标报价要求和投标保证金交纳、退还方式以及不予退还投标保证金的情形。

6）采购项目预算金额，设定最高限价的，还应当公开最高限价。

7）采购项目的技术规格、数量、服务标准、验收等要求，包括附件、图纸等。

8）拟签订的合同文本。

9）货物、服务提供的时间、地点、方式。

10）采购资金的支付方式、时间、条件。

11）评标方法、评标标准和投标无效情形。

12）投标有效期。

13）投标截止时间、开标时间及地点。

14）采购代理机构代理费用的收取标准和方式。

15）投标人信用信息查询渠道及截止时点、信用信息查询记录和证据留存的具体方式、信用信息的使用规则等。

16）省级以上财政部门规定的其他事项。

上述内容会分散在招标文件的不同位置。

招标文件通常包含以下几方面内容：

1）投标邀请书（或以招标公告代）。

2）投标人须知前附表和投标人须知。

3）投标文件的审查和评标。

4）招标内容及要求。

5）政府采购合同（范本）。

6）投标文件编制格式。

2.1.3　投标邀请书

投标邀请书包括以下几方面内容：

1）招标活动组织者。

2）招标项目名称。

3）招标方式。

4）备案编号。

5）招标编号。

6）预算金额（审核价或控制价，控制价即最高限价，通常，控制价≤审核价≤预算价）。

7）招标的主要内容及要求（常附有采购标的一览表，该表有时列出了投标保证金的金额）。

8）需要落实的政府采购政策（包括优惠政策和信用查询要求）。

9）投标人的资格要求（包括法定条件、特定条件，以及是否接受联合体投标）。

10）报名的要求（报名期限、报名方式）。

11）招标文件的获取要求（获取期限、地点及方式，招标文件售价）。

12）投标截止时间与要求（还包括投标保证金的缴交情况，是否是电子标）。

13）开标时间及地点［有时未直接写明，而是要求投标人查看招标公告或更正公告（若有）］。

14）公告期限（包括招标公告的公告期限和招标文件公告期限）。

15）采购人的单位名称、地址、联系方式。

16）代理机构（若有）的单位名称、地址、联系方式。

案例 2-1：某项目采用电子招标。投标邀请书如下：

××采用公开招标方式组织××（以下简称"本项目"）的政府采购活动，现邀请供应商参加投标。

第 1 章　备案编号：××。

第 2 章　招标编号：××。

第 3 章　预算金额、最高限价：详见"采购标的一览表"①。

第 4 章　招标内容及要求：详见"采购标的一览表"及招标文件第 5 章②。

第 5 章　需要落实的政府采购政策。

5.1　小型、微型企业。

5.2　监狱企业。

5.3　残疾人福利性单位。

5.4　信用记录查询，根据××财政局 2020 年 8 月 4 日发布的《关于进一步规范供应商信用记录查询使用的通知》（××〔2020〕14 号）的规定执行，具体要求如下：

5.4.1　信用记录查询的截止时点：本项目投标截止时间当日。

5.4.2　信用记录查询渠道"信用中国"网站（www.creditchina.gov.cn）、中国政府采购网（www.ccgp.gov.cn）、"信用厦门"网站（https://credit.xm.gov.cn）。

5.4.3　信用记录的查询及证据留存的具体方式：由资格审查人员通过上述信用信息查询渠道查询供应商的信用记录，并将查询结果打印后随采购文件一并存档。

5.4.4　信用信息的使用：资格审查人员将对供应商信用记录进行甄别，对存在不良信用记录［包含列入失信被执行人、重大税收违法案件当事人名单、政府采购严重违法失信行为记录名单及其他不符合《中华人民共和国政府采购法》（本书以下均简称为《政府采购法》）第二十二条规定条件］的供应商，将认定其资格审查不合格。

5.4.5　本项目不要求供应商在其投标文件中提供信用记录查询结果（但供应商应在参加采购活动前查询并了解本供应商的信用记录情况）。若供应商自行提供查询结果的，仍以资格审查人员查询结果为准。

5.4.6　本采购文件其他章节有关信用记录查询使用的内容与本章内容不一致的，以本章的内容为准。

第 6 章　投标人的资格要求。

6.1　法定条件：符合《政府采购法》第二十二条第一款规定的条件。

6.2　特定条件见下表。

---

① 此处是指案例涉及的招标项目的"采购标的一览表"，下同。

② 此处是指案例涉及的招标项目的招标文件，下同。——编者注

明细	描述
信用记录查询结果	资格审查小组通过"信用中国"网站、中国政府采购网、"信用厦门"网站查询投标人的信用记录,经查询,投标人参加本项目采购活动(投标截止时间)前三年内被列入失信被执行人名单、重大税收违法案件当事人名单、政府采购严重违法失信行为记录名单及其他重大违法记录,且相关信用惩戒期限未满的,其资格审查不合格
关于"财务状况报告""依法缴纳税收证明材料"及"依法缴纳社会保障资金证明材料"的补充说明	(1)根据××〔2020〕10号文的规定,因疫情影响享受缓缴或免缴社保资金、税款的企业,无法提供相关社保、税收缴纳证明材料的,提供有关情况说明视同社保、税收缴纳证明材料提交完整 (2)根据××〔2021〕5号文的规定,预算金额500万元以下的政府采购项目基本资格条件采取"信用承诺制",供应商提供资格承诺函的即可参加采购活动,在投标文件中无须提供财务状况报告、依法缴纳税收和社会保障资金的相关证明材料
风景园林工程设计专项资质	投标人应具备风景园林工程设计专项甲级或以上资质,并提供有效资质证书复印件
关于单位负责人授权书的特别提示	本招标文件第四章第一部分资格审查/单位负责人授权书(若有)要求"电子投标文件中的本授权书(若有)应为原件的扫描件",即电子投标文件中的单位负责人授权书应为纸质授权书原件的扫描件,该单位负责人授权书应当要有单位负责人的手写签字或盖章以及投标人代表的手写签字并加盖投标人单位公章(注:本提示本身非资格条款内容,如果有不一致,请以原条款的内容为准)

6.3 是否接受联合体投标:不接受。

根据上述资格要求,投标文件中应提交的"投标人的资格及资信证明文件"详见招标文件第四章。

第7章 报名。

7.1 报名期限:详见招标公告或更正公告(若有),若不一致,以更正公告(若有)为准。

7.2 报名期限内,供应商应通过××政府采购网上公开信息系统的注册账号(免费注册)对本项目进行报名〔请根据项目所在地,登录对应的××政府采购网上公开信息系统报名(即省本级网址/地市分网)〕,否则投标将被拒绝。

第8章 招标文件的获取。

8.1 招标文件提供期限:详见招标公告或更正公告(若有),若不一致,以更正公告(若有)为准。

8.2 获取地点及方式:报名后,通过××政府采购网上公开信息系统以下载方式获取。

8.3 招标文件售价:0元。

第9章 投标截止。

9.1 投标截止时间:详见招标公告或更正公告(若有),若不一致,以更正公告(若有)为准。

9.2 投标人应在投标截止时间前按照××政府采购网上公开信息系统设定的操作流程将电子投标文件上传至××政府采购网上公开信息系统，同时将投标人的 CA 证书连同密封的纸质投标文件送达招标文件第一章第 10 条载明的地点，否则投标将被拒绝。

第 10 章 开标时间及地点：详见招标公告或更正公告（若有），若不一致，以更正公告（若有）为准。

第 11 章 公告期限。

11.1 招标公告的公告期限：自财政部和××财政厅指定的政府采购信息发布媒体最先发布公告之日起 5 个工作日。

11.2 招标文件公告期限：招标文件随同招标公告一并发布，其公告期限与本章第 11.1 条载明的期限保持一致。

第 12 章 采购人：××。

地址：××。

联系方法：××。

第 13 章 代理机构：××。

地址：××。

联系方法：××。

附件 1 账户信息

<table>
<tr><td colspan="2" style="text-align:center">投标保证金账户</td></tr>
</table>

开户名称：××

开户银行：供应商在××政府采购网上公开信息系统报名后，根据其提示自行选择要缴交的投标保证金托管银行

银行账号：××政府采购网上公开信息系统根据供应商选择的投标保证金托管银行，以合同包为单位，自动生成供应商所投合同包的缴交银行账号（即多个合同包将对应生成多个缴交账号）。供应商应按照所投合同包的投标保证金要求，缴交相应的投标保证金

特别提示

1）投标人应认真核对账户信息，将投标保证金汇入以上账户，并自行承担因汇错投标保证金而产生的一切后果。

2）投标人在转账或电汇的凭证上应按照以下格式注明，以便核对："（招标编号：××、合同包：××）的投标保证金"。

附件 2 采购标的一览表

（单位：元）

合同包	品目号	采购标的	允许进口	数量	品目号预算	合同包预算	投标保证金
1	1-1	其他专业技术服务	否	1（项）	686000	686000	0

在本案例中，"采购标的一览表"只标明了预算价，并未标明最高限价，控制价（最高限价）标注于第四章（686000元），显然，控制价＝预算价，投标邀请书的其他核心内容如下：

1）小型、微型企业等可以享受政府采购的扶持政策（见案例2-1第5.1条）。

2）供应商无须自行提供信用查询结果（见案例2-1第5.4.5条）。

3）供应商可提供资格承诺函代替财务状况报告等（见案例2-1第6.2条之表格）。

4）投标人应具备风景园林工程设计专项甲级或以上（含乙级）资质（见第6.2条之表格）。

5）不接受联合体投标（见案例2-1第6.3条）。

6）本项目为电子招投标项目（见案例2-1第9.2条）。

7）招标文件售价：0元（见案例2-1第8.3条）。

8）投标保证金：0元（见案例2-1附件2"采购标的一览表"）。

案例2-2： 某项目采用电子招标。投标邀请书如下：

××采用公开招标方式组织××服务外包（以下简称"本项目"）的政府采购活动，现邀请供应商参加投标。

第1章 备案编号：××。

第2章 招标编号：××。

第3章 预算金额、最高限价：详见"采购标的一览表"。

第4章 招标内容及要求：详见"采购标的一览表"及招标文件第5章。

第5章 需要落实的政府采购政策：

5.1 信息安全产品。

5.2 小型、微型企业。

5.3 监狱企业。

5.4 残疾人福利性单位。

5.5 信用记录，适用于（填写合同包或品目号），按照下列规定执行：

5.5.1 投标人应在（填写招标文件要求的截止时点）前分别通过"信用中国"网站、中国政府采购网、"信用厦门"网站查询并打印相应的信用记录（以下简称"投标人提供的查询结果"），投标人提供的查询结果应为其通过上述网站获取的信用信息查询结果原始页面的打印件（或截图）。

5.5.2 查询结果的审查。

1）由资格审查小组通过上述网站查询并打印投标人信用记录（以下简称"资格审查小组的查询结果"）。

2）投标人提供的查询结果与资格审查小组的查询结果不一致的，以资格审查小组的查询结果为准。

3）因上述网站原因导致资格审查小组无法查询投标人信用记录的（资格审查小组应将通过上述网站查询投标人信用记录时的原始页面打印后随采购文件一并存档），以投标人提供的查询结果为准。

4）查询结果存在投标人应被拒绝参与政府采购活动相关信息的，其资格审查不合格。

第 6 章 投标人的资格要求。

6.1 法定条件：符合《政府采购法》第二十二条第一款规定的条件。

6.2 特定条件见下表。

包：1

明细	描述
信用记录查询	依据《财政部关于在政府采购活动中查询及使用信用记录有关问题的通知》（财库〔2016〕125号）规定及××财政局《关于进一步规范供应商信用记录查询使用的通知》（××〔2020〕14号）的规定执行,具体要求如下： 1）信用记录查询的截止时点:本项目投标文件递交截止时间当日。 2）信用记录查询渠道:信用中国网站、中国政府采购网、信用厦门网站。 3）信用记录的查询及证据留存方式:由资格审查人员通过上述信用信息查询渠道查询供应商的信用记录,并将查询结果打印后随采购文件一并存档。 4）信用信息的使用:资格审查人员将对供应商信用记录进行甄别,对存在参加本项目采购活动（提交投标文件截止时间）前三年内被列入失信被执行人名单、重大税收违法案件当事人名单、政府采购严重违法失信行为记录名单及其他重大违法记录,且相关信用惩戒期限未满的及其他不符合《政府采购法》第二十二条规定条件的供应商,将认定其资格审查不合格。 5）因查询渠道网站原因导致查无供应商信息的,不认定供应商资格审查不合格;评审结束后,通过其他渠道发现供应商存在不良信用记录的,不认定为资格审查错误,将依照有关规定进行调查处理。 6）本项目不要求供应商在其投标文件中提供信用记录查询结果（但供应商应在参加采购活动前查询并了解自身的信用记录情况）。若供应商自行提供查询结果的,仍以资格审查人员查询结果为准。 7）本采购文件其他章节有关信用记录查询使用的内容与本要求不一致的,以本要求为准

包：2

明细	描述
信用记录查询	依据《财政部关于在政府采购活动中查询及使用信用记录有关问题的通知》（财库〔2016〕125号）规定及××财政局《关于进一步规范供应商信用记录查询使用的通知》（××〔2020〕14号）的规定执行,具体要求如下： 1）信用记录查询的截止时点:本项目投标文件递交截止时间当日。 2）信用记录查询渠道:信用中国网站、中国政府采购网、信用厦门网站。 3）信用记录的查询及证据留存方式:由资格审查人员通过上述信用信息查询渠道查询供应商的信用记录,并将查询结果打印后随采购文件一并存档。 4）信用信息的使用:资格审查人员将对供应商信用记录进行甄别,对存在参加本项目采购活动（提交投标文件截止时间）前三年内被列入失信被执行人名单、重大税收违法案件当事人名单、政府采购严重违法失信行为记录名单及其他重大违法记录,且相关信用惩戒期限未满的及其他不符合《政府采购法》第二十二条规定条件的供应商,将认定其资格审查不合格。 5）因查询渠道网站原因导致查无供应商信息的,不认定供应商资格审查不合格;评审结束后,通过其他渠道发现供应商存在不良信用记录的,不认定为资格审查错误,将依照有关规定进行调查处理。 6）本项目不要求供应商在其投标文件中提供信用记录查询结果（但供应商应在参加采购活动前查询并了解自身的信用记录情况）。若供应商自行提供查询结果的,仍以资格审查人员查询结果为准。 7）本采购文件其他章节有关信用记录查询使用的内容与本要求不一致的,以本要求为准

6.3 是否接受联合体投标：不接受。

根据上述资格要求，投标文件中应提交的"投标人的资格及资信证明文件"详见招标文件第4章。

第7章 报名。

7.1 报名期限：详见招标公告或更正公告（若有），若不一致，以更正公告（若有）为准。

7.2 报名期限内，供应商应通过××政府采购网上公开信息系统的注册账号（免费注册）对本项目进行报名（请根据项目所在地，登录对应的××政府采购网上公开信息系统报名（即省本级网址/地市分网），否则投标将被拒绝。

第8章 招标文件的获取。

8.1 招标文件提供期限：详见招标公告或更正公告（若有），若不一致，以更正公告（若有）为准。

8.2 获取地点及方式：报名后，通过××政府采购网上公开信息系统以下载方式获取。

8.3 招标文件售价：0元。

第9章 投标截止。

9.1 投标截止时间：详见招标公告或更正公告（若有），若不一致，以更正公告（若有）为准。

9.2 投标人应在投标截止时间前按照××政府采购网上公开信息系统设定的操作流程将电子投标文件上传至××政府采购网上公开信息系统，同时将投标人的CA证书连同密封的纸质投标文件送达招标文件第一章第10条载明的地点，否则投标将被拒绝。

第10章 开标时间及地点：详见招标公告或更正公告（若有），若不一致，以更正公告（若有）为准。

第11章 公告期限。

11.1 招标公告的公告期限：自财政部和××财政厅指定的政府采购信息发布媒体最先发布公告之日起5个工作日。

11.2 招标文件公告期限：招标文件随同招标公告一并发布，其公告期限与本章第11.1条载明的期限保持一致。

第12章 采购人：××。

地址：××。

联系方法：××。

第13章 代理机构：××。

地址：××。

联系方法：××。

附件1 账户信息

投标保证金账户

开户名称：××

开户银行：供应商在××政府采购网上公开信息系统报名后，根据其提示自行选择要缴交的投标保证金托管银行。

银行账号：××政府采购网上公开信息系统根据供应商选择的投标保证金托管银行，以合同包为单位，自动生成供应商所投合同包的缴交银行账号（即多个合同包将对应生成多个缴交账号）。供应商应按照所投合同包的投标保证金要求，缴交相应的投标保证金。

特别提示

1）投标人应认真核对账户信息，将投标保证金汇入以上账户，并自行承担因汇错投标保证金而产生的一切后果。

2）投标人在转账或电汇的凭证上应按照以下格式注明，以便核对："招标编号：××、合同包：××的投标保证金"。

附件2　采购标的一览表

（单位：元）

合同包	品目号	采购标的	允许进口	数量	品目号预算	合同包预算	投标保证金
1	1-1	清扫服务	否	1（项）	98645000.00	98645000.00	0
2	2-1	清扫服务	否	1（项）	119946000.00	119946000.00	0

在本案例中，"采购标的一览表"只标明了预算价，并未标明最高限价，控制价（最高限价）标注于第五章（其中，包1为88980760.00元，包2为108866816.00元），显然，控制价<预算价，如果投标人按照预算价或低于预算价但高于控制价的价格报价，将被废标。该投标邀请书的其他核心内容如下：

1）小型、微型企业等可以享受政府采购的扶持政策（见第5章）。

2）供应商无须自行提供信用查询结果（见第6.2条之表格）。

3）不接受联合体投标（见第6.3条）。

4）本项目为电子招标投标项目（见第9.2条）。

5）招标文件售价：0元（见第8.3条）。

6）投标保证金：0元（见附件2"采购标的一览表"）。

2.1.4　投标人须知前附表

多数招标文件专门设有投标人须知前附表，置于投标人须知之前，或作为投标人须知的第一部分内容，该表为投标人须知的重要内容（和投标人须知以外的新增内容，主要涉及电子招标投标的规定）。投标人须知前附表主要包括：

1）是否组织现场考察或开标前答疑会。

2）投标项目是否允许分包。

3）投标有效期。

4）投标文件的份数及装订、密封要求。

5）中标候选人的数量。

6）中标人的确定方式。

7）质疑的方式。

8）监管部门。

9）信息发布媒体。

10）招标代理费用的支付。

11）电子招标投标活动的专门规定（若为电子招标投标项目）。

有的投标人须知前附表还分为投标人须知前附表 1、投标人须知前附表 2 和投标人须知前附表 3。

案例 2-3：某项目采用电子招标。投标人须知前附表如下：

表 1

特别提示：本表与招标文件对应章节的内容若不一致，以本表为准

项号	招标文件 （第三章）	编列内容
1	6.1	是否组织现场考察或召开开标前答疑会：否
2	10.4	投标文件的份数： （1）纸质投标文件： ①资格及资信证明部分的正本 0 份、副本 0 份，报价部分的正本 0 份、副本 0 份，技术商务部分的正本 0 份、副本 0 份 ②可读介质（光盘或 U 盘）0 份：投标人应将其上传至××政府采购网上公开信息系统的电子投标文件在该可读介质中另存 0 份 （2）电子投标文件：详见表 2《关于电子招标投标活动的专门规定》
3	10.5-(2)-③	允许散装或活页装订的内容或材料： （1）投标文件的补充、修改或撤回 （2）其他内容或材料：无
4	10.7-(1)	是否允许中标人将本项目的非主体、非关键性工作进行分包： 不允许
5	10.8-(1)	投标有效期：投标截止时间起 90 个日历日
6	10.10-(2)	密封及其标记的具体形式： （1）全部纸质投标文件（包括正本、副本及可读介质）均应密封，否则投标将被拒绝 （2）密封的外包装应至少标记"项目名称、招标编号、所投合同包、投标人的全称"等内容，否则造成投标文件误投、遗漏或提前拆封的，××不承担责任 （3）其他：无
7	12.1	本项目推荐合同包 1 中标候选人数为 3 家
8	12.2	本项目中标人的确定（以合同包为单位） （1）采购人应在政府采购招标投标管理办法规定的时限内确定中标人 （2）若出现中标候选人并列情形，则按照下列方式确定中标人： ①招标文件规定的方式：确定技术分得分高的中标候选人为中标人，前述办法仍然无法确定中标人时，则在并列的中标候选人中以随机抽取的方式确定中标人

（续）

项号	招标文件 （第三章）	编列内容
8	12.2	②若本款第①点规定方式为"无"，则按照下列方式确定：无 ③若本款第①、②点规定方式均为"无"，则按照下列方式确定：随机抽取 （3）本项目确定的中标人家数： ①本项目确定合同包1中标人数为1家 ②若出现中标候选人符合法定家数但不足第三章第12.1条规定中标候选人家数情形，则按照中标候选人的实际家数确定中标人
9	15.1-（2）	质疑函原件应采用下列方式提交：书面形式
10	15.4	招标文件的质疑： （1）潜在投标人可在质疑时效期间内对招标文件以书面形式提出质疑 （2）质疑时效期间。 ①在招标文件公告期限内。自招标文件首次下载之日起7个工作日内向××提出，招标文件公告期限、首次下载之日均以××政府采购网上公开信息系统记载的为准 ②在招标文件公告期限截止后至招标文件提供期限届满前的期间内。自招标文件公告期限届满之日起7个工作日内向××提出，招标文件公告期限、招标文件提供期限均以××政府采购网上公开信息系统记载的为准 ※除上述规定外，对招标文件提出的质疑还应符合招标文件第三章第15.1条的有关规定
11	16.1	监督管理部门：××财政局（仅限依法进行政府采购的货物或服务类项目）
12	18.1	财政部和××财政厅指定的政府采购信息发布媒体（以下简称"指定媒体"）： （1）中国政府采购网 （2）中国政府采购网××分网（××政府采购网） 除招标文件第一章第11.1条规定情形外，若出现上述指定媒体信息不一致情形，应以中国政府采购网××分网（××政府采购网）发布的为准
13	19	其他事项： （1）本项目代理服务费由中标人支付 （2）其他。 1）关于采购代理服务费。 ①代理服务费标准及收取方式：以中标价为基数，并按差额定率累进法计费，收费具体标准如下：中标价≤100万元部分，收费费率为1.5%。 ②经评审，所有采购标的均为中小企业（含个体工商户）制造的货物（承建的工程、承接的服务），或者监狱企业提供本单位制造的货物、本单位承建的工程、本单位承接的服务；或者残疾人福利性单位提供本单位制造的货物、承担的工程或者服务（或提供其他残疾人福利性单位制造的货物），属于前述情形的，给予中标人的采购代理服务费按上述收费标准下调10%。 ③中标人以转账或汇款方式提交代理服务费，收款人全称：××；开户银行：××；账号：×× 2）根据××〔2021〕5号文的规定，投标人无须提交纸质投标文件，但投标人应在投标截止时间前将CA证书提交至本项目招标公告中约定的提交投标文件的地点
	备注	后有表2，请勿遗漏

表 2

关于电子招标投标活动的专门规定

序号	编列内容
1	（1）招标文件中除下述第（2）（3）项所述内容外的其他内容及规定适用本项目的电子招标投标活动 （2）将招标文件第三章 13.2 条款"签订时限：自中标通知书发出之日起 30 个日历日内"的内容修正为下列内容："签订时限：自中标通知书发出之日起 20 个日历日内"后适用本项目的电子招标投标活动 （3）将下列内容增列为招标文件的组成部分（以下简称"增列内容"）适用本项目的电子招标投标活动，若增列内容与招标文件其他章节内容有冲突，应以增列内容为准： 1）电子招标投标活动的具体操作流程以××政府采购网上公开信息系统设定的为准 2）关于投标文件： ①投标人应按照××政府采购网上公开信息系统设定的评审节点编制电子投标文件，否则资格审查小组、评标委员会将按照不利于投标人的内容进行认定 ②投标人应在投标截止时间前按照××政府采购网上公开信息系统设定的操作流程将电子投标文件 1 份上传至××政府采购网上公开信息系统，电子投标文件应与纸质投标文件保持一致，并以电子投标文件为准。电子投标文件的分项报价一览表、纸质投标文件的分项报价一览表、投标客户端的分项报价一览表应保持一致，并以投标客户端的分项报价一览表为准 ③若出现××政府采购网上公开信息系统设定的意外情形（如系统故障等），经本项目监督管理部门同意使用纸质投标文件的，应以纸质投标文件为准 3）关于证明材料或资料： ①除《检察机关行贿犯罪档案查询结果告知函》外，招标文件要求原件的，投标人在电子投标文件中可提供复印件（含扫描件），但在纸质投标文件正本中应提供原件（资格审查小组、评标委员会将核对纸质投标文件正本，未提供原件的证明材料或资料将导致投标无效）；招标文件要求复印件的，投标人在纸质投标文件中提供原件、复印件（含扫描件）皆可；招标文件对原件、复印件未作要求的，投标人在纸质投标文件中提供原件、复印件（含扫描件）皆可 ②除《检察机关行贿犯罪档案查询结果告知函》外，若投标人提供注明"复印件无效"的证明材料或资料，其纸质投标文件正本中应提供原件（资格审查小组、评标委员会将核对纸质投标文件正本，未提供原件的证明材料或资料将导致投标无效） ③《检察机关行贿犯罪档案查询结果告知函》。 a. 投标人在电子投标文件中可提供复印件（含扫描件）、符合招标文件第七章规定的打印件（或截图），在纸质投标文件正本中提供原件、复印件（含扫描件）、符合招标文件第七章规定的打印件（或截图）皆可 b.《检察机关行贿犯罪档案查询结果告知函》应在有效期内且内容完整、清晰、整洁，否则投标无效 c. 有效期内的《检察机关行贿犯罪档案查询结果告知函》复印件（含扫描件）及符合招标文件第七章规定的打印件（或截图），无论内容中是否注明"复印件无效"，均视同有效 4）关于"全称""投标人代表签字"及"加盖单位公章"。 ①在电子投标文件中，涉及"全称"和"投标人代表签字"的内容可使用打字录入方式完成 ②在电子投标文件中，涉及"加盖单位公章"的内容应使用投标人的 CA 证书完成，否则投标无效 ③在电子投标文件中，若投标人按照本增列内容第④点第 b 项规定加盖其单位公章，则出现无全称或投标人代表未签字等情形，不视为投标无效 5）关于投标人的 CA 证书。 ①投标人的 CA 证书应在投标截止时间前连同密封的纸质投标文件送达招标文件第一章第 10 条载明的地点，否则投标将被拒绝 ②投标人的 CA 证书可采用信封（包括但不限于信封、档案袋、文件袋等）作为外包装进行单独包装。外包装密封、不密封皆可 ③投标人的 CA 证书或外包装应标记"项目名称、招标编号、投标人的全称"等内容，以方便识别、使用 ④投标人的 CA 证书应能正常、有效使用，否则产生不利后果由投标人承担责任 6）关于投标截止时间。 ①被××政府采购网上公开信息系统判定为投标保证金未提交（即未于投标截止时间前到达招标文件载明的投标保证金账户）的投标人，投标将被拒绝

（续）

	关于电子招标投标活动的专门规定
序号	编列内容
1	②有下列情形之一的,其投标无效,其保证金不予退还: a. 不同投标人的电子投标文件被××政府采购网上公开信息系统判定为具有相同内部识别码 b. 不同投标人的投标保证金被××政府采购网上公开信息系统判定为从同一单位或个人的账户转出 c. 投标人的投标保证金被××政府采购网上公开信息系统判定为同一合同项下有其他投标人提交的投标保证金 d. 不同投标人被××政府采购网上公开信息系统判定为串通投标的其他情形 7)接受联合体投标且投标人为联合体的,投标人应由"联合体牵头方"完成××政府采购网上公开信息系统设定的具体操作流程(包括但不限于报名、提交投标保证金、编制电子投标文件等) 8)其他:无

在本案例中，表1第2项要求提交的纸质投标文件的正副本、可读介质均为0份，表2的第（3）2）②项"投标人应在投标截止时间前按照××政府采购网上公开信息系统设定的操作流程将电子投标文件1份上传至××政府采购网上公开信息系统……"，因而，本项目为电子招标投标项目。该投标人须知前附表的其他核心内容如下：

1）不允许分包（见表1第4项）。

2）投标有效期为投标截止时间起90个日历日（见表1第5项）。

3）中标候选人数为3家（见表1第7项）。

4）中标人的确定方式（见表1第8项）。

5）质疑时效期与质疑方式（见表1第10项）。

6）代理服务费的收费标准与折扣条件（见表1第13项）。

7）合同签订时限为自中标通知书发出之日起20个日历日内［见表2的第（2）项］。

8）应按照××政府采购网上公开信息系统设定的评审节点编制电子投标文件［见表2第（3）2）①项］，这意味着上传时还要做好于评审节点对应的内容的定位。

9）涉及"全称"和"投标人代表签字"的内容可使用打字录入方式完成［见表2第（3）4）①项］，可以打字录入，就意味着万一有突发情况可以临时更换投标人代表。

10）CA证书的使用与提交［见表2第（3）4）②项和第（3）5）项］。

2.1.5 投标人须知

投标人须知，有的包含投标文件的审查与评标，有的则没有包含；若未包含，投标人须知则包括总则，投标人，招标，投标，开标，定标（或中标）与政府采购合同，询问、质疑与投诉，政府采购政策，项目信息发布和其他事项等，这些内容属于程序性的内容，基本不涉及采购的技术性和商务性条款等硬指标。

1. 总则

主要是对"潜在投标人""投标人""单位负责人""投标人代表"等术语的定义。

2. 投标人

主要是对合格投标人的界定，对联合体的要求（若允许联合体投标），以及投标人应承担的费用。

3. 招标

主要是招标文件的组成、澄清或修改，现场考察或开标前答疑会，更正公告，终止公告等。

4. 投标

主要是投标无效的界定，投标文件的编制要求，对分包的规定，对投标有效期的要求，对投标保证金时效性、提交、退还的规定，对投标文件的提交、补充、修改或撤回的规定。

5. 开标

主要是对参加开标会人员、程序的规定，以及对流标的处理。

6. 定标（或中标）与政府采购合同

主要是中标候选人的数量，中标人的确定，中标公告的发布，中标通知书的发出，政府采购合同的签订与履行。

7. 询问、质疑与投诉

包括对潜在投标人或投标人进行询问、质疑与投诉的规定。

8. 政府采购政策

涉及进口产品的界定；节能产品和环境标志产品的认定、优先采购或强制采购；信息安全产品的分类处理；对小型、微型企业，监狱企业，残疾人福利性单位的扶持；信用记录的查询。

9. 项目信息发布

包括招标公告、招标文件、更正公告（若有）、中标公告、终止公告（若有）等的发布媒体。

10. 其他事项

对本章前面未列出的事项作以补充。

2.1.6 投标文件的审查和评标

这里投标文件的审查是指开标后的审查，不涉及采购人或招标代理机构接收投标文件时对其密封性的形式审查。

开标后的审查涉及形式审查、资格审查、符合性审查。若形式审查未单列，那么形式审查的内容都属于符合性审查的范畴。

1. 形式审查

形式审查包括：

（1）纸质标中投标人提供的正本、副本、光盘或 U 盘等的数量是否符合规定，电子标中 CA 证书是否符合要求。

> **案例 2-4：** 某招标项目，要求投标人提供有效的可读媒介。某投标人提供的光盘无法被识别，评委更换计算机后，该光盘仍无法被识别，故被废标。

（2）匿名评审的材料是否进行了密封。

> **案例 2-5：** 某招标项目，要求对投标文件技术部分的封面的勒口进行张贴以确保匿名评审，某投标人未对该勒口进行张贴，故被废标。

（3）是否按照要求进行签字和（或）盖章、装订。

> **案例 2-6：** 某招标项目，要求投标文件必须胶装。某投标人来不及胶装，采用夹子固定投标文件，故被废标。

（4）展板（若有）是否符合要求。

> 案例2-7：某项目招标，要求投标人提供A0展板，展板不得有投标人单位或个人的任何信息与联系方式。有3家投标人参加了投标，其中2家投标人提供的是A0展板，1家投标人提供的是A1展板。经评标委员会最终一致认定，合格投标人只有2家，作流标处理。

不同的招标文件的规定不同，有的将开标后的形式审查作为符合性审查的内容。

2. 资格审查

（1）基本资格的审查　涉及《政府采购法》及其配套法规、规章的法定要求和基于此的招标文件的要求。

1）投标人身份证明。营业执照等企业法人或事业单位法人证书的证明，自然人（若允许个人投标）的身份证明。

> 案例2-8：某政府采购项目招标，要求参与投标的企业提供营业执照，营业执照的经营范围应覆盖采购项目，若营业执照无经营范围的，应提供商事主体登记及信用信息公示平台上的营业范围的截图。某投标人营业执照未列出经营范围，且未提供商事主体登记及信用信息公示平台上的营业范围的截图，故被废标。

2）授权委托书。所有招标文件都会规定，若被授权人不是法定代表人，应提交由法定代表人授权的委托书原件（电子招标投标允许使用扫描件，原件备查），也就是说，投标文件不是由法定代表人签署的，签署人应获得法定代表人的授权。招标文件通常要求被授权人提供有效的身份证明，有的还要求授权人提供有效的身份证明。

> 案例2-9：某政府采购项目招标，要求投标文件应由法定代表人签署，或由其委托被授权人签署，投标文件应附上授权委托书的原件，授权委托书应附上被授权人的有效身份证明，授权委托书的格式由投标人自拟。某投标人只提供了法定代表人的身份证复印件，未提供被授权人的身份证明，故被废标。
>
> 在本案例中，招标文件要求投标人提供被授权人的身份证明，而没有要求提供法定代表人的身份证明，但投标人的处理刚好相反，很可能是没有分清到底谁是授权人，谁是被授权人。

3）财务状况报告。以政府部门、事业单位（包括参公单位）为采购人的招标项目，通常要求投标人提供符合下列规定的财务报告复印件（成立年限按照投标截止时间推算）：

① 成立年限满1年及以上的投标人，提供经审计的上一年度的年度财务报告。

② 成立年限满半年但不足1年的投标人，提供该半年度中任一季度的季度财务报告或该半年度财务报告。

无法按照①、②规定提供财务报告复印件的投标人（包括但不限于：成立年限满1年及以上的投标人、成立年限满半年但不足1年的投标人、成立年限不足半年的投标人），应选择提供银行资信证明复印件或投标担保函复印件。

"财政部门认可的政府采购专业担保机构"应符合《财政部关于开展政府采购信用担保试点工作方案》（财库〔2011〕124号）的规定。

投标人提供的相应证明材料复印件均应符合内容完整、清晰、整洁的要求，并由投标人加盖其单位公章。

案例 2-10：某政府采购项目，投标截止时间和开标时间延期至第2年1月，对投标人的资格要求没有改变，其中对财务状况报告的要求见前文。某投标人只提供了经审计的上上年度的年度财务报告，故被废标。

该投标人投诉，之所以提供经审计的上上年度的年度财务报告，是因为项目投标截止时间延期至1月，而1月又无法提供经审计的上一年度的年度财务报告，故不应被废标。尽管大部分的年度审计报告都是次年3月份出具的，但该投诉还是被驳回，因为招标文件也给出了投标人其他的选项——银行资信证明或投标担保函。

4）依法缴纳税收证明。以政府部门、事业单位（包括参公单位）为采购人的招标项目，通常要求投标人提供符合下列规定的税收缴交凭据复印件：

① 投标截止时间前（不含投标截止时间的当月）已依法缴纳税收的投标人，提供投标截止时间前6个月（不含投标截止时间的当月）中任一月份的税收凭据复印件。

② 投标截止时间的当月成立且已依法缴纳税收的投标人，提供投标截止时间当月的税收凭据复印件。

③ 投标截止时间的当月成立但因税务机关原因导致其尚未依法缴纳税收的投标人，提供依法缴纳税收承诺书原件（格式自拟），该承诺书视同税收凭据。

④ 依法免税的投标人应提供依法免税证明复印件。

"依法缴纳税收证明材料"有欠缴记录的，视为未依法缴纳税收。

投标人提供的相应证明材料复印件均应符合内容完整、清晰、整洁的要求，并由投标人加盖其单位公章。

案例 2-11：某政府采购项目流标，次月重新招标，对投标人的资格要求没有改变，其中对依法缴税的要求见前文。某投标人提供了上半年的缴税证明，该时段居于新的投标截止时间前六个月之前，故被废标。

有的地方规定，低于某额度（如500万元）以下的预算金额的政府采购项目，基本资格条件采取"信用承诺制"，供应商提供资格承诺函即可参加采购活动，在投标文件中无须提供财务状况报告、依法缴纳税收和社会保障资金的相关证明材料。资格承诺函的常见格式如下：

资格承诺函

致：_____（采购人、采购代理机构）

我单位参与　（项目名称）　（项目编号：　　）项目的政府采购活动，现承诺如下：

1. 我单位具有符合采购文件资格要求的财务状况报告

2. 我单位具有符合采购文件资格要求的依法缴纳税收的相关证明材料

3. 我单位具有符合采购文件资格要求的依法缴纳社会保障资金的相关证明材料

若我单位承诺不实，自愿承担提供虚假材料谋取中标、成交的法律责任

承诺供应商（全称并加盖公章）：

单位负责人或授权代表（签字）：

日期：

5）依法缴纳社会保障资金证明。以政府部门、事业单位（包括参公单位）为采购人的招标项目，通常要求投标人提供符合下列规定的社会保障资金缴交凭据复印件：

① 投标截止时间前（不含投标截止时间的当月）已依法缴纳社会保障资金的投标人，提供投标截止时间前六个月（不含投标截止时间的当月）中任一月份的社会保险凭据复印件。

② 投标截止时间的当月成立且已依法缴纳社会保障资金的投标人，提供投标截止时间当月的社会保险凭据复印件。

③ 投标截止时间的当月成立但因税务机关、社会保障资金管理机关原因导致其尚未依法缴纳社会保障资金的投标人，提供依法缴纳社会保障资金承诺书原件（格式自拟），该承诺书视同社会保险凭据。

"依法缴纳社会保障资金证明材料"有欠缴记录的，视为未依法缴纳社会保障资金。

投标人提供的相应证明材料复印件均应符合内容完整、清晰、整洁的要求，并由投标人加盖其单位公章。

6）参加采购活动前三年内在经营活动中没有重大违法记录书面声明。招标文件通常要求投标人提供参加采购活动前三年内在经营活动中没有重大违法记录书面声明原件（电子招标投标允许使用扫描件，原件备查）。

"重大违法记录"是指投标人因违法经营受到刑事处罚或责令停产停业、吊销许可证或执照、较大数额罚款等行政处罚。

7）信用证明。有的招标文件要求投标人提供"信用中国"网站等的信用证明材料（大部分评标场所无法连接外网），有的则不要求投标人提供，而是规定由采购人和（或）招标代理机构和（或）评委进行查证（通常是某一台计算机可以连接"信用中国"网站等个别外网）。

> 案例 2-12：某政府采购项目招标，要求通过"信用中国"网站和"信用厦门"网站等对投标人的资格进行审查。中标公告发布后，中标人因其在"信用厦门"网站有违规被处罚的记录而被质疑，经查，招标代理机构和评委未通过"信用厦门"网站对投标人（包括上述中标人）的资格进行审查。最终，该中标人的中标资格被取消。

8）检察机关行贿犯罪档案查询结果告知函。以政府部门、事业单位（包括参公单位）为采购人的招标项目，有的要求投标人提供检察机关行贿犯罪档案查询结果告知函，若无法提供有效期内检察机关行贿犯罪档案查询结果告知函的，则要求投标人对近三年无行贿犯罪记录进行声明（电子招标投标允许使用扫描件，原件备查）。

9）具备履行合同所必需设备和专业技术能力的声明函。有的招标文件要求投标人提供具备履行合同所必需设备和专业技术能力的证明，或其声明函原件（电子招标投标允许使用扫描件，原件备查）。

10）联合体协议。有的招标文件允许投标人以联合体方式投标，要求以联合体投标的，应提供联合体协议的原件（电子招标投标允许使用扫描件，原件备查）。

（2）专业资格的审查 涉及单位和（或）个人的资质等级、业绩，单位的硬件（设备、场所）。

案例2-13：某绿化和保洁项目招标，要求项目负责人具有物业管理或绿化专业中级及以上职称。有的投标人拟派项目负责人人选只提供了物业管理师和（或）注册物业管理师的职业资格证明文件，故不符合招标文件的要求而被废标。

被废标的投标人进行了质疑，并提供了国家、省相关部门出台的注册物业管理师可以直接认定为中级职称的文件，认为其项目负责人人选已经具备中级职称资格。代理向相关的专家咨询。专家答复，文件规定用人单位有需求、有职数的，可以将具有物业管理师注册资格的员工直接聘为中级职称，但如果用人单位没有办理中级经济师聘用手续，或虽有办理聘用手续但在投标文件中未提供证明的，则不符合招标文件的实质性要求。

（3）投标函的审查　招标文件都会提供投标函的模板，并要求投标人按照此模板进行填写，且要实质性响应招标文件的要求。投标函通常包含投标项目的名称、投标人对投标保证金和投标有效期等的承诺，格式如下：

投　标　函

致：＿＿＿＿＿＿＿＿

兹收到贵单位关于（填写"项目名称"）项目（招标编号：　　　）的投标邀请，本投标人代表（填写"全名"）已获得我方正式授权并代表投标人（填写"全称"）参加投标，并提交招标文件规定份数的投标文件正本和副本。我方提交的全部投标文件均由下述部分组成：

（1）资格及资信证明部分

① 投标函。

② 投标人的资格及资信证明文件。

③ 投标保证金。

（2）报价部分

① 开标一览表。

② 投标分项报价表。

③ 招标文件规定的价格扣除证明材料（若有）。

④ 招标文件规定的加分证明材料（若有）。

（3）技术商务部分

① 标的说明一览表。

② 技术和服务要求响应表。

③ 商务条件响应表。

④ 投标人提交的其他资料（若有）。

根据本函，本投标人代表宣布我方保证遵守招标文件的全部规定，同时：

第1章　确认：

1.1　所投合同包的投标报价详见"开标一览表"及"投标分项报价表"。

1.2　我方已详细审查全部招标文件［包括但不限于：有关附件（若有）、澄清或修改（若有）等］，并自行承担因对全部招标文件理解不正确或误解而产生的相应后果和责任。

第2章 承诺及声明：

2.1 我方具备招标文件第一章载明的"投标人的资格要求"且符合招标文件第三章载明的"二、投标人"之规定，否则投标无效。

2.2 我方提交的投标文件各组成部分的全部内容及资料是不可割离且真实、有效、准确、完整和不具有任何误导性的，否则产生不利后果由我方承担责任。

2.3 我方提供的标的价格不高于同期市场价格，否则产生不利后果由我方承担责任。

2.4 投标保证金：若出现招标文件第三章规定的不予退还情形，同意贵单位不予退还。

2.5 投标有效期：按照招标文件第三章规定执行，并在招标文件第二章载明的期限内保持有效。

2.6 若中标，将按照招标文件、我方投标文件及政府采购合同履行责任和义务。

2.7 若贵单位要求，我方同意提供与本项目投标有关的一切资料、数据或文件，并完全理解贵单位不一定要接受最低的投标报价或收到的所有投标。

2.8 除招标文件另有规定外，对于贵单位按照下述联络方式发出的任何信息或通知，均视为我方已收悉前述信息或通知的全部内容：

通信地址：　　　　　　　　　　　　　　　　　　邮编：

联系方法：（包括但不限于：联系人、联系电话、手机、传真、电子邮箱等）

投标人：　　　　　（全称并加盖单位公章）

投标人代表签字：

日期：　　年　月　日

有的要求投标函（尤其是工程类）填写投标有效期、投标保证金（若有）等的数值。若一个招标项目有多个标包（或标段），那么该项目的投标函对不同标包（或标段）通常都是相同的，但投标人在填写项目名称时，应当写明项目名称及标包（或标段）的序号（或其名称）。

案例2-14：某招标项目有2个合同包，某投标人参加了这两个合同包的投标，但在投标函的名称一栏都填写成同一个合同包，故该投标人丧失了另一个合同包的中标机会。

（4）投标保证金的审查 投标保证金的审查涉及保证金的缴交方式、数额与到账时间。有的招标文件（尤其是工程招标文件）明确规定投标保证金必须从投标人基本账户转出，有的招标项目则不要求缴交投标保证金。

案例2-15：某招标项目规定小微企业的投标保证金可以减免一半。某投标人在投标文件中称自己是小微企业，且只缴交了一半的投标保证金。由于该投标人的小微企业证明材料未被认可，导致其缴交的投标保证金数额不符合招标文件的要求，故未通过资格审核。

对于联合体投标，招标文件通常要求投标保证金由联合体的牵头人缴交。

3. 符合性审查

符合性审查，是基于招标文件从投标文件的有效性、完整性和对招标文件的响应程度进行审查，以确定是否对招标文件的实质性要求做出响应。

如果没有将投标保证金作为资格审查的一部分，那么投标保证金的缴交也将作为符合性审查（有效性审查）的一部分。

（1）有效性　投标文件必须是合格投标人提交。合格投标人是指既不存在串通投标（串标）的情形，也不存在被限制参加同一政府采购合同项的情形。

1）属于串标的情形。

① 供应商直接或者间接从采购人或者采购代理机构处获得其他供应商的相关情况并修改其投标文件或者响应文件。

② 供应商按照采购人或者采购代理机构的授意撤换、修改投标文件或者响应文件。

③ 供应商之间协商报价、技术方案等投标文件或者响应文件的实质性内容。

④ 属于同一集团、协会、商会等组织成员的供应商按照该组织要求协同参加政府采购活动。

⑤ 供应商之间事先约定由某一特定供应商中标、成交。

⑥ 供应商之间商定部分供应商放弃参加政府采购活动或者放弃中标、成交。

⑦ 供应商与采购人或者采购代理机构之间、供应商相互之间，为谋求特定供应商中标、成交或者排斥其他供应商的其他串通行为。

2）视为串标的情形。

① 不同投标人的投标文件由同一单位或者个人编制。

② 不同投标人委托同一单位或者个人办理投标事宜。

③ 不同投标人的投标文件载明的项目管理成员或者联系人员为同一人。

④ 不同投标人的投标文件异常一致或者投标报价呈规律性差异。

⑤ 不同投标人的投标文件相互混装。

⑥ 不同投标人的投标保证金从同一单位或者个人的账户转出。

3）电子招标投标中对串标的特殊规定。

电子投标文件被判定为具有相同内部识别码。

（2）完整性　投标文件是否有缺项，如缺分项报价表。

案例2-16：某货物采购项目，要求投标人提供分项报价表，因部分货物在当年不一定会采购。某投标人的报价较低，有很大的竞争优势，但未提供分项报价表，故被废标。

（3）响应性　报价、质量、期限、质保期、投标有效期等是否符合招标文件规定，是否有选择性的报价，是否有采购人不能接受的附加条件，是否违背招标文件限制了采购人的权利和中标人在合同项下的义务，是否有其他商务或技术重大偏差，是否提供了虚假或失实资料。

1）控制价。政府采购中，采购标的的各分项时常有控制价，此时除了投标文件的总价不能超过项目控制价外，各分项报价也不能超过各分项的控制价。

案例2-17：某货物招标项目，要求投标人的每一项分项报价均不得超过控制价。某投标人给出的报价中，大部分都低于控制价，但有一项的分项报价超过了控制价数倍。

有人认为只要总价没有超过控制价就行了，但评委仍依照招标文件认定该投标人未实质性响应招标文件，作废标处理。

2）质量。无论是货物、服务还是工程招标，招标文件通常都要求投标人所供货物、服务和工程的质量合格。

案例 2-18：某工程招标项目，某投标人被评为第一中标候选人，公示时，招标代理才发现该投标人将工程质量要求的"合格"写为其他的两个字，只能向招标投标的行政主管部门申请复评。最终，该投标人的第一中标候选人资格被取消。

3）期限。无论是货物、服务还是工程招标，招标文件都有一个要求投标人完成的截止期限。

案例 2-19：某招标项目有两个合同包，包1要求的截止期限是55日历日，包2要求的截止期限是50日历日，某投标人将两个合同包的截止期限都填成55日历日，结果该投标人的包2被废标。

有的招标文件将截止期限细分为数段。例如，有的将设计周期分为两个阶段，方案设计通过评审后再完成施工图设计，对这两个阶段的截止期限都有硬性要求。

案例 2-20：某招标项目规定设计周期为45日历日，其中，方案设计20日历日，施工图设计25日历日。某投标文件给出的方案设计为25日历日，施工图设计为20日历日，故被废标。

园林工程往往要求中标人进行绿化养护，绿化养护期限从3个月到2年不等。招标文件会明确完成施工的最长期限（有的招标文件规定适当短于该期限的给予加分），养护期和质保期的最短期限（此时会规定长于此期限的给予加分）或固定期限。若养护期或质保期短于招标文件的要求，则会被废标。

养护期与质保期都是从施工验收合格起算，但两者差异很大，前者针对绿化苗木，在工程量清单内有所体现，即业主需要据此向中标人支付相应的费用，若中标人投标文件的养护期长于招标文件的养护期，那就意味着中标人要"自愿"为业主养护一段时间；后者针对建构筑物、设备等，业主不需要据此向中标人支付任何费用。

案例 2-21：某景观工程规定施工工期为90日历日，施工验收合格后的成活养护期为180日历日，某投标文件给出的养护期为90日历日，故被废标。

有的货物招标，涉及安装，如实验室装备采购，因为政府采购一般都属于交钥匙工程，中标人要负责送货和安装，有的还要为业主单位提供培训。

有的招标文件规定，中标人应在规定的第一阶段将货物送至指定场所，验收合格后再进行安装，以确保质量和进度。

有的招标文件规定，中标人必须在业主指定的时间内将货物送达指定场所，中标人不得提前配送，这主要是因为放置场所还未验收或装修好。

有的招标文件规定，中标人在签订合同后要尽快将货物送达指定场所，安装可以滞后一段时间。如果货物按合同规定时间送达指定场所，就可以按照合同先支付部分货款。

有的招标文件规定，国产货物要在第一阶段送达现场，进口货物则在第二阶段送达现场。

有的招标文件对供货时间卡得很紧，如食材供应，若不能准点供应，则将被废标。

有的招标文件则要求投标人对维修、维护的响应时间进行承诺，若不能响应则将被废标。

4）中标人的数量。大部分项目的中标人只有一个，少数科技攻关项目允许有两个中标人，即两个中标人从不同的技术路径出发，完成招标文件的规定，以免只有一个中标人万一不能完成招标文件规定的合同，浪费了招标人的时间。

有的招标文件规定评出两个中标人——第一中标人和第二中标人，由他们两家轮流供货，这一般属于周年供货的情形，如食材供应，第一中标人负责第一、第二个月（或星期）的食材供应，第二中标人负责第三个月（或星期）的食材供应。

5）投标有效期。如果投标函的格式条款未涉及投标有效期，那么投标有效期就属于符合性审查的内容。

6）造假的处理。如果投标文件造假，投标人的中标资格将被取消。

案例2-22：某绿化养护项目，评标结束后就公布了中标公告，结果中标人被投诉，投诉人称中标人业绩造假，按招标文件规定，应取消中标资格。

经查，该中标人的业绩造假，未能实质性响应招标文件的要求，应予废标。由于评委无法在评标现场进行查证，故该投标人轻易地骗取了中标资格。

4. 技术因素的评审

技术因素的分值均以表格形式列出。

财政部令第87号规定"货物项目的价格分值占总分值的比重不得低于30%；服务项目的价格分值占总分值的比重不得低于10%。执行国家统一定价标准和采用固定价格采购的项目，其价格不列为评审因素。"由于商务因素的总分占比通常不少于10分，所以技术因素的总分占比最高为60%~80%（执行国家统一定价标准和采用固定价格采购的项目除外）。有的规定，任一技术因素的最高得分不能超过3分，所以需要评审的技术因素数量为10~30项。

技术因素的评审包括：

1）投标人对己方具备的人、财、物等条件的描述、证明（有的将人员配备作为商务因素），有的规定中标后再提交证明材料，有的规定可以对上述要求的一部分进行承诺，在中标之后、签订合同之前配备到位即可。

案例2-23：某专利代理项目招标，部分技术因素的评审要求如下：

序号	分值	评标要求
1-5	2	具有律师执业资格的人数不少于10人的，得2分；具有律师执业资格的人数不少于5人的，得1分；具有律师执业资格的人数不少于2人的，得0.5分。中标时提交上述要求的证明材料
1-6	2	具有硕士以上学位的人数不少于20人的，得2分；具有硕士以上学位的人数不少于10人的，得1分；具有硕士以上学位的人数不少于5人的，得0.5分。中标时提交上述要求的证明材料

针对上述评标要求，投标人可以不提交上述要求的证明材料，把时间和精力集中于其他评分项进行撰写。

2）投标人的实施方案（如物流运输、安装调试、检测、培训），常年服务项目（如环卫）的技术因素还涉及移交方案。有的需要针对现场问题提出解决方案，或要求提交现场勘察照片。

案例 2-24：某绿地养护项目招标，部分技术因素的评审要求如下：

评标项目	分值	评标要求
1-1 现场勘查	3	投标人应在投标截止之前自行勘察现场,针对现场实际问题提出解决方案,应提交现场彩色照片

有的投标人未提供项目所在地的勘察照片，有的投标人未提供彩色照片，均无法得分。

3）投标人按照招标文件技术要求的承诺。

案例 2-25：某招标项目，部分技术因素的评审要求如下：

评标项目	分值	评标要求
1-22	3	投标人承诺采购人在使用其所提供的任何一部分成果,均不受第三方关于侵犯知识产权指控的得 3 分,未提供承诺的不得分

这一类的承诺属于送分项（往往放在技术因素的结尾部分），投标人应完全响应，否则不得分。

5. 商务因素的评审

商务因素的分值均以表格形式列出。现在的商务因素已经不允许涉及企业的注册资金、经营年限等。

商务因素包括投标人的管理、业绩（和评价）、拟派项目负责人人选（或项目管理班子，也有招标文件将此项作为技术因素）。如果是服务项目，往往还会包括本地化服务的承诺，部分项目（如环卫、道路绿化养护）则要求投标人为项目人员办理保险。

（1）管理体系　投标人的管理体系健全与否，例如，是否通过了一系列的 ISO 认证。

案例 2-26：某招标项目，部分商务因素的评审要求如下：

评标项目	分值	评标要求
1-1	1	投标人获得境内 ISO 9001 或者 GB/T 19001—2016 的质量管理体系认证且证书在有效期内,并提供证书复印件
1-2	1	投标人获得境内 ISO 14001 或者 GB/T 24001—2016 的环境管理体系认证且证书在有效期内,并提供证书复印件
1-3	1	投标人获得境内 OHSAS 18001(或 ISO 45001) 或者 GB/T 45001—2020 的职业健康安全管理体系认证且证书在有效期内,并提供证书复印件
1-4	1	投标人具有社会责任管理体系认证证书 (SA8000) 或社会责任管理体系评价证书且在有效期内,并提供证书复印件

上述评审要求较为简单，只要求在有效期内，有的招标文件还要求提供上述证书在网络公示的截图。

（2）业绩、评价 投标人的同类业绩、评价。政府采购中，对业绩的证明往往要求"四证齐全"，即要同时具备：中标（成交）公告（截图及网址）、中标（成交）通知书、合同、验收证明。

案例2-27：某招标项目，对业绩的评审要求如下：

评标项目	分值	评标要求
1-6 类似业绩	3	根据投标人提供2017年1月1日至投标截止日类似项目业绩情况进行评价；每提供一个项目得1分，满分3分。投标人须提供该业绩项目以下资料有效复印件（原件备查）：①中标（成交）公告（提供相关网站中标或成交公告的下载网页及其网址）。②中标（成交）通知书。③采购合同文本。④能够证明该业绩项目已经采购人验收合格的相关证明文件（注：如未按照以上要求提供该项目业绩完整资料的，评标委员会对该项业绩将不予采信）

某投标人的业绩证明，提供了中标通知书、合同、验收证明的复印件以及中标公告的截图，但未标注网址，评标委员会最终决定该业绩不予采信。

（3）拟派负责人人选 招标项目，尤其是服务、科技、工程项目，对项目负责人和（或）技术负责人拟派人选往往有学历、职称、职业资格、管理经验和（或）业绩的要求。

案例2-28：某招标项目，对项目负责人的评审要求如下：

评标项目	分值	评标要求
1-5 项目负责人职称	3	项目负责人，具有本科及以上学历，且具有高级职称（专业类别与本项目相关）的得3分；具有本科及以上学历，且具有中级职称（专业类别与本项目相关）的得1分。投标人须在投标文件中提供项目负责人的有关学历证书（提供毕业证书复印件）、学信网查询截图职称证书。未按以上要求提供证明材料的不得分
1-6 项目负责人管理经验	3	项目负责人具有管理类似项目经验3年或3年以上的得3分，须提供项目负责人符合以上要求的相关证明材料

某投标人拟派负责人人选的证明材料包括本科学历证书复印件、高级职称证书复印件，但未提供学信网查询截图，故"1-5 项目负责人职称"项未能得分。

（4）本地化服务 周年的服务项目往往要求投标人能提供本地化服务。

案例2-29：某招标项目，对本地化服务的评审要求如下：

评标项目	分值	评标要求
1-10 本地化服务	3	投标人可提供本地化服务的得3分，否则不得分。投标人可提供合作单位或者自身机构的营业执照证明，也可以提供在本地设立的项目部、办公室、办事处等机构，或者承诺中标后提供本地化服务

某投标人提供了合作协议，未提供合作单位的营业执照证明，故"1-10 本地化服务"项未能得分。

（5）办理保险　部分服务（如环卫）、工程项目要求投标人为本项目工作人员办理保险。

案例 2-30：某招标项目，对办理保险的评分要求如下：

评标项目	分值	评标要求
1-8　人身意外险或雇主责任险	3	根据投标人为拟投入本项目工作人员购买雇主责任险或人身意外险的保险额度 60 万元的得 2 分，每增加 20 万元加 0.5 分，100 万元（含）以上的得 3 分。投标人须提供购买的保单（须体现保险额度及保险期，至少包含项目服务期限）或者承诺中标后为拟投入本项目工作人员购买雇主责任险或人身意外险的单独书面承诺书（承诺函格式自拟，但承诺函须体现保险额度及保险期限），未按要求提供的不得分

某投标人提供了办理保险的承诺函，但未明确保险期限，故未能得分。

（6）配备到位的承诺　部分涉及车辆设备的服务（如环卫）项目要求投标人承诺中标后人员、设备能够到位。

案例 2-31：某招标项目，要求对项目拟派人员、设备到位进行承诺，具体评分要求如下：

评标项目	分值	评标要求
1-10　人员及设备配备到位承诺	2	投标人承诺："中标人在合同签订之日起 10 日内（含签订之日），拟投入人员及设备必须配备到位并进场服务"的得 2 分。投标文件中须提供书面承诺函（承诺函格式自拟），不提供不得分

某投标人只承诺了"人员及设备配备到位"，未承诺"并进场服务"，故未能得分。

（7）项目所处服务区域的专门方案　部分服务（如环卫）项目要求投标人编写适应服务区域民俗风情的专门方案。

案例 2-32：某环卫项目，要求技术方案考虑到当地的民俗风情，具体评分要求如下：

评标项目	分值	评标要求
1-10　项目所处服务区域的专门方案	2	专门方案能充分考虑服务区域的民俗风情、民情社情，内容完整、详细，分析具体、透彻、要点齐全，有利于项目实施得 2 分；方案与本项目实际情况不符或未提供的不得分

某投标人只提交了现场的勘察方案，未提交针对当地民俗风情的专门方案，故未能得分。

6. 价格因素评审

（1）基准价　价格因素的评审通常以最低投标价为投标基准价，因落实政府采购政策需进行价格扣除的，以扣除后的价格计算投标报价（即评标价）、确定评标基准价（即最低评标价）。但工会采购等则以最大采购金额〔最大采购金额＝预算额×最大采购率＝（1+最大优惠率）〕为基准价。

案例 2-33：某单位进行节日慰问品采购，预算为 500 元，要求各商超按照最大采购率进行报价，最大采购率应大于或等于 100%。

某投标人的最大采购率为 6.5%，故被废标。

（2）价格扣除　有的政府采购项目是专门针对小微企业的，此时就不涉及针对小微企业的价格扣除。对于不是专门针对小微企业的项目，往往有价格折扣的规定。

案例2-34：某项目招标，对价格扣除的规定如下：

本项目以价格评审优惠落实扶持中小企业政策。投标人提供招标文件第五章"采购标的清单"所列的采购标的符合以下情形并提供相关证明材料的，按以下情形给予价格扣除，用扣除后的价格参加评审。符合以下情形之一的，给予小微企业（含个体工商户，下同）、监狱企业、残疾人福利性单位承接的服务10%的价格扣除。

1）投标人提供的所有采购标的均为小微企业承接的服务，并在投标文件中提供《中小企业声明函》。

2）投标人为监狱企业，提供本单位承接的服务，并在投标文件中提供省级以上监狱管理局、戒毒管理局（含新疆生产建设兵团）出具的属于监狱企业的证明文件。

3）投标人为残疾人福利性单位，提供本单位承担的服务，并在投标文件中提供《残疾人福利性单位声明函》。

［说明：①投标人应按招标文件第七章及附件（若有）的格式提供证明材料。②项目属性、采购标的对应的中小企业划分标准所属行业以及中小企业扶持政策的其他要求详见第五章"采购标的清单"及其说明。］

某投标人未按照招标文件提供的《中小企业声明函》的格式填写，遗漏了模板中的最后一句话"本公司对上述声明的真实性负责。如有虚假，将依法承担相应责任"，故无法认定为小微企业。

7. 加分因素评审

案例2-35：某项目招标，价格分占60%，技术分和商务分各占20%，部分对加分项的规定如下：

优先类节能产品、环境标志产品：

1）若同一合同包内节能、环境标志产品报价总金额低于该合同包报价总金额20%（含20%）以下，将分别给予节能、环境标志产品价格项（$F_1 \times A_1$，按照满分计）和技术项（$F_2 \times A_2$，按照满分计）4%的加分；若同一合同包内节能、环境标志产品报价总金额占该合同包报价总金额20%~50%（含50%），将分别给予节能、环境标志产品价格项（$F_1 \times A_1$，按照满分计）和技术项（$F_2 \times A_2$，按照满分计）6%的加分；若同一合同包内节能、环境标志产品报价总金额占该合同包报价总金额50%以上的，将分别给予节能、环境标志产品价格项（$F_1 \times A_1$，按照满分计）和技术项（$F_2 \times A_2$，按照满分计）8%的加分。其中，F_1、F_2、F_3分别是价格项、技术项、商务项评审因素得分，A_1、A_2、A_3分别是价格项、技术项、商务项评审因素所占的权重，$A_1+A_2+A_3=1$，$F_1 \times A_1+F_2 \times A_2+F_3 \times A_3=100$（满分时）。

2）若节能、环境标志产品仅是构成投标产品的部件、组件或零件，则该投标产品不享受鼓励优惠政策。同一品目中各认证证书不重复计算加分。强制类节能产品不享受加分。

某投标人的节能产品报价占该合同包报价总金额40%。故其加分项得分：（60+20）分×6%=4.8分。

2.1.7 招标内容及要求

由于政府采购涉及范围太广，"招标内容及要求"是不同招标文件中差异最大的一部分，但在结构上无外乎招标项目简介、采购标的清单（货物、服务或工程量清单）、技术要求、商务要求这四部分或其组合——将采购标的清单置于招标项目简介或置于技术要求这一部分，如果采购标的内容较多或有多个标包，也会将采购标的清单作为附件（案例2-36）。

案例2-36：某项目招标，招标项目内容及要求如下：

第1章 招标项目简介

1.1 ××街道是××市××区的一个街道，下辖6个社区，分别是××社区、××社区、××社区、××社区、××社区、××社区。户籍人口8万人，外来人口10万人。

1.2 本项目为××街道辖区内环卫保洁及垃圾分类督导，城区道路及"门前三包"清扫、清洗，作业车辆购置包干，背街小巷、村改居及无物业小区等清扫、清洗，垃圾定点收集，公厕保洁管理，垃圾分类督导员及辖区内属地（包含无人认领及未移交的场地、绿地）环卫突击整治，配合有物业小区联合整治临时性、阶段性任务（含考评、突击整治、重大活动等）中的环境卫生工作等兜底服务。

第2章 招标项目一览表

2.1 本项目分两个合同包，合同包一为"××街道东部片区环卫保洁服务外包"项目，控制价为97570000元，合同包二为"××街道西部片区环卫保洁服务外包"项目，控制价为121818000元，投标人所投的各合同包的投标总价不得超过各合同包的控制价。各合同包服务内容、面积数见附件1和附件2。

2.2 投标人必须根据上述附件内容进行分项报价，且每项报价的分项单价均不得超过附件3和附件4（东、西片区作业项目分项投标限价与报价表）中的分项单价预算，并以投标总价进行投标，中标人需按采购人意愿，移交多少接收多少，按中标项目单价据实结算实际移交面积。根据上级要求如哪项任务取消应相应核减。中标人接到中标通知书后，应及时和采购人签订服务合同，在签订合同前向采购人提交年中标价3%的履约保证金或银行出具的同等金额的履约保函。

2.3 为了确保项目服务质量及服务时间，保证各项工作的顺利进行，每个投标人最多只能中一个合同包，评标时按合同包1、合同包2先后顺序逐个依次进行评审，合同包内按综合得分从高到低排列，顺序在前者优先推荐为第一中标候选人。在按合同包顺序依次评审过程中，当某个投标人在靠前的合同包已被推荐为第一中标候选人，则在后续的合同包中不再推荐，由得分次高的递补为第一中标候选人，依次类推。

附件1 ××街道市政道路清扫保洁面积（东部片区）

序号	道路名称	起止点	道路长度/m	道路宽度/m	道路面积/m²	门前三包面积/m²	道路清扫面积/m²	道路清洗面积/m²	道路等级
1	××西路	××路-××东路	211	9~12	4250	425	4675	4675	二级
...	...	...	...	...	...	...	...	...	...

（续）

序号	道路名称	起止点	道路长度/m	道路宽度/m	道路面积/m²	门前三包面积/m²	道路清扫面积/m²	道路清洗面积/m²	道路等级
40	××路跨线桥		405	12	4860	0	4860	4860	
41	××路人行天桥		151	4	604	0	604	604	
42	××村居				48045	0	48045	0	
…	…	…	…	…	…	…	…	…	…
66	××村居				32324	0	32324	0	
67	××社区无物业小区				95711	0	95711	0	

注：门前三包面积按所在道路面积的10%计算。

附件2 ××街道市政道路清扫保洁面积（西部片区）（略）

附件3 东片区作业项目分项投标限价与报价表

作业项目	数量	分项单价最高限价	1年投标报价/（元/年）	3年投标报价/（元/3年）
城区道路及门前三包清扫保洁	605865m²	10元/（m²·年）		
城区道路及门前三包冲洗	605865m²	8元/（m²·年）		
村改居及无物业小区清扫保洁	402456m²	9元/（m²·年）		
作业车辆购置包干	605865m²	0.5元/（m²·年）		
垃圾定点收集	40人	6万元/（人·年）		
垃圾分类督导员单价	65人	2.4万元/（人·年）		
公厕管理养护	26座	11.8万元/座		
兜底清理整治和各种人员工资待遇及燃油浮动差额包干	1项（涵盖全辖区）	2000000元		
3年投标总价（大写）：				

附件4 西片区作业项目分项投标限价与报价表（略）

某投标人的投标总价没有超过控制价，但其中一分项的报价超过了分项单价最高限价，故被废标。

有的招标文件同时提供了投标限价表与报价表，但未提供投标限价与报价表，此时若不注意核对，可能会出现个别分项的报价超过分项单价最高限价的重大偏差。

2.1.8 政府采购合同（范本）

招标文件中的政府采购合同范本较为简单，涉及编制依据（说明），项目名称，合同的组成，合同金额，合同标的的交付时间、地点和条件，合同标的的约定与验收，合同款项的支付，履约保证金，合同有效期，违约责任，知识产权，解决争议的方法，不可抗力和其他约定。

参考文本如下：

政府采购合同（参考文本）

编 制 说 明

1. 签订合同应遵守《政府采购法》《中华人民共和国民法典》（本书以下简称《民法典》）。

2. 签订合同时，采购人与中标人应结合招标文件第五章规定填列相应内容。招标文件第五章已有规定的，双方均不得变更或调整；招标文件第五章未作规定的，双方可通过友好协商进行约定。

3. 国家有关部门对若干合同有规范文本的，可使用相应合同文本。

甲方：（采购人全称）

乙方：（中标人全称）

根据招标编号为_____的（填写"项目名称"）项目（以下简称："本项目"）的招标结果，乙方为中标人。现经甲乙双方友好协商，就以下事项达成一致并签订本合同：

第 1 章　下列合同文件是构成本合同不可分割的部分：

1.1　合同条款。

1.2　招标文件、乙方的投标文件。

1.3　其他文件或材料：□　无。□　（若有联合协议或分包意向协议）。

第 2 章　合同标的

（按照实际情况编制填写，可以是表格或文字描述）

第 3 章　合同总金额

3.1　合同总金额为人民币大写：　　　　　元（¥　　　　　）。

第 4 章　合同标的交付时间、地点和条件

4.1　交付时间：　　　　　　　。

4.2　交付地点：　　　　　　　。

4.3　交付条件：　　　　　　　。

第 5 章　合同标的应符合招标文件、乙方投标文件的规定或约定，具体如下：

（按照实际情况编制填写，可以是表格或文字描述）

第 6 章　验收

6.1　验收应按照招标文件、乙方投标文件的规定或约定进行，具体如下：

（按照实际情况编制填写，可以是表格或文字描述）

6.2　本项目是否邀请其他投标人参与验收：

□　不邀请。□　邀请，具体如下：（按照招标文件规定填写）

第 7 章　合同款项的支付应按照招标文件的规定进行，具体如下：

（按照实际情况编制填写，可以是表格或文字描述，包括一次性支付或分期支付等）

第 8 章　履约保证金

□　无。□　有，具体如下：（按照招标文件规定填写）

第9章 合同有效期

（按照实际情况编制填写，可以是表格或文字描述）

第10章 违约责任

（按照实际情况编制填写，可以是表格或文字描述）

第11章 知识产权

11.1 乙方提供的采购标的应符合国家知识产权法律、法规的规定且非假冒伪劣品；乙方还应保证甲方不受到第三方关于侵犯知识产权及专利权、商标权或工业设计权等知识产权方面的指控，若任何第三方提出此方面指控均与甲方无关，乙方应与第三方交涉，并承担可能发生的一切法律责任、费用和后果；若甲方因此而遭受损失，则乙方应赔偿该损失。

11.2 若乙方提供的采购标的不符合国家知识产权法律、法规的规定或被有关主管机关认定为假冒伪劣品，则乙方中标资格将被取消；甲方还将按照有关法律、法规和规章的规定进行处理，具体如下：（按照实际情况编制填写）

第12章 解决争议的方法

12.1 甲、乙双方协商解决。

12.2 若协商解决不成，则通过下列途径之一解决：

☐ 提交仲裁委员会仲裁，具体如下：（按照实际情况编制填写）

☐ 向人民法院提起诉讼，具体如下：（按照实际情况编制填写）

第13章 不可抗力

13.1 因不可抗力造成违约的，遭受不可抗力一方应及时向对方通报不能履行或不能完全履行的理由，并在随后取得有关主管机关证明后的15日内向另一方提供不可抗力发生及持续期间的充分证据。基于以上行为，允许遭受不可抗力一方延期履行、部分履行或不履行合同，并根据情况可部分或全部免于承担违约责任。

13.2 本合同中的不可抗力是指不能预见、不能避免、不能克服的客观情况，包括但不限于：自然灾害如地震、台风、洪水、火灾及政府行为、法律规定或其适用的变化或其他任何无法预见、避免或控制的事件。

第14章 合同条款

（按照实际情况编制填写。招标文件第五章已有规定的，双方均不得变更或调整；招标文件第五章未作规定的，双方可通过友好协商进行约定）

第15章 其他约定

15.1 合同文件与本合同具有同等法律效力。

15.2 本合同未尽事宜，双方可另行补充。

15.3 合同生效：自签订之日起生效；通过××省政府采购网上公开信息系统采用电子形式签订合同的，签订之日以系统记载的双方使用各自CA证书在合同上加盖单位公章或合同章的日期中的最晚时间为准。

15.4 本合同一式（填写具体份数）份，经双方授权代表签字并盖章后生效。甲乙方各执（填写具体份数）份，送（填写需要备案的监管部门的全称）备案（填写具体份数）份，具有同等效力。

15.5 其他：☐ 无。☐（按照实际情况编制填写需要增加的内容）

（以下无正文）

甲方：	乙方：
住所：	住所：
单位负责人：	单位负责人：
委托代理人：	委托代理人：
联系方法：	联系方法：
开户银行：	开户银行：
账号：	账号：

签订地点：

签订日期：　　　年　　　月　　　日

2.1.9　投标文件编制格式

投标文件编制格式包括投标人资格文件、报价文件、技术文件、商务文件等格式。

其中，资格文件格式涉及投标函、单位负责人授权书、营业执照等证明文件、财务状况报告、依法缴纳税收证明材料、依法缴纳社会保障资金证明材料、具备履行合同所必需设备和专业技术能力的声明函、参加采购活动前三年内在经营活动中没有重大违法记录书面声明、信用记录查询结果、检察机关行贿犯罪档案查询结果告知函、联合体协议、中小企业声明函、残疾人福利性单位声明函等格式。

2.2　招标文件的细读

2.2.1　"知彼"

在招标投标中，"知彼"（招标文件）才能更好地"知己"——己方硬件与软件的边界、资源与能力的边界……

1. 招标内容

即使同类的招标项目，其内容也差别很大。例如，有的绿化工程，要求中标人自行采购全部苗木，有的绿化工程，则由甲方提供乔木，即甲供苗。有的景观工程，以绿化种植为主，有的景观工程，以土建为主，绿化占比很小。

同样是环卫项目，有的只是负责街道的环卫，有的还涉及无物业小区的环卫；有的只是单纯的环卫清扫，有的则包括绿化养护，有的还包含垃圾站的建造，采用 PPP 方式进行采购。

有的实验室装备采购，只包含了实验器械的采购和实验台的采购、安装，有的还包含万能级实验室的建造。

同样的招标项目，考核指标粗细、宽严相差甚大，细读招标内容，既可以判断己方是否具备相应的实力，也可以初步判断是否值得去做。

案例 2-37：某环卫项目，招标内容的考核结算办法如下：

……

2.1　考核经费从中标人的月经费中提取 10% 作为考评预留基金，每月每次常规考评或专项考评成绩计算当月综合考评成绩进行确认是否划拨 10% 的考评预留基金。

2.2 考核将按《××市容环境卫生规范化作业管理标准》综合评分，并结合国家、省、市、区的考评和测评结果，保洁项目核定为85分及以上为合格。

2.3 如中标人月检考核综合得分合格，采购人原则上应全额支付考评预留基金。

2.4 月检考核综合得分处理：

1）如中标人月综合得分［75，85）分，中标人将被扣除当月考评预留基金的10%。

2）如中标人月综合得分［60，75）分，中标人将被扣除当月考评预留基金的20%。

3）如中标人月综合得分低于60分，中标人将被扣除当月考评预留基金的50%。

2.5 如中标人单项月考核分低于85分，每低于85分合格线一分扣当月保洁费2000元。

3 每月市、区考评成绩排名（按市区考评通报名次或按得分高低排序）兑现如下：

市（区）级以上综合考评（明查、暗访）月排名倒数第一的按当月考评预留基金的100%予以扣罚；月排名倒数第二的按当月考评预留基金的50%予以扣罚。单项月排名倒数第一的按当月考评预留基金的50%予以扣罚，倒数第二的按当月考评预留基金的25%予以扣罚。

4 市××小巷卫生保洁精细化管理第三方测评结果处理：

4.1 如中标人负责的××小巷排名在后20条中，每条扣除10%预留基金，如排名倒数第一则扣除20%预留基金，且可叠加计算。

4.2 如中标人测评满分且垃圾量零克，则奖励5%（奖励金从预留基金中支出）当月考评预留金（该项所检街巷的奖励可叠加计算，但不超过当月考评预留基金10%）。

5 由于中标人保洁工作不到位造成区效能办对采购单位领导给予一次效能约谈问责的，按当月考评预留基金的100%予以扣罚。

6 被群众投诉或媒体曝光有涉及环卫保洁问题的，其中群众投诉经核实每次扣2000元，媒体曝光经核实每次扣2万元。

7 城市综合管理考评红黑榜中，如上红榜则奖励25%（奖励金从预留基金中支出）当月考评预留基金，如上黑榜则扣除50%当月考评预留基金。

8 中标人连续两个月市、区、街道综合考评成绩或一年内三次考评成绩在85分（不含85分）以下的，综合或单项排名在区排名连续两次倒数第一名的，以及在重大活动期间、因清扫保洁不到位造成重大负面影响的（比如被媒体曝光、网络舆情负面评论等情况），采购人有权单方面解除承包合同，并扣除履约保证金，其承包项目将由采购人收回。

9 垃圾分类

9.1 如乙方在街道巡查发现垃圾混装混运的，第一次扣处1万元，第二次扣处2万元，后续为前一次的递增；市、区考评通报发现垃圾混装混运的，则按照《××经济特区生活垃圾分类管理办法》的标准进行处罚。

9.2 垃圾分类人员培训次数以及入户次数未按标准实施，发现一次扣处1000元，第二次扣处2000元，后续为前一次的递增。

9.3 如中标人垃圾分类督导人员配置不齐或四分类桶点位未单独配备督导员，缺一名督导员当月扣处1000元，第二个月扣处2000元，后续为前一次的递增。

9.4　街道垃圾分类日常综合考评成绩平均分数低于85分，当月扣处1万元；平均分数低于75分，当月扣处2万元；平均分数低于60分，当月扣处3万元。

9.5　垃圾分类市、区考评中如中标人在当月每次成绩排名倒数第一扣除预留基金1万元，倒数第二扣除预留基金5000元。

10　中标人在有物业小区检查中，如在督导时间内市、区考评成绩排名倒数第一扣除预留基金1万元，倒数第二扣除预留基金5000元。如在非督导时间内市、区考评成绩后两名，乙方需连带扣除预留基金2000元。

11　中标人负责辖区道路沿街店面的垃圾分类工作，如在市、区考评成绩排名倒数第一扣除预留基金1万元，倒数第二扣除预留基金5000元。

12　中标人未按采购人要求按时保质提交所需材料的，第一次扣处1000元，第二次扣处2000元，第三次扣处3000元，后续为前一次的递增（环卫保洁及垃圾分类违反均适用）。

13　中标人未按采购人要求按时保质完成整改或兜底整改反馈，第一次扣处1000元，第二次扣处2000元，第三次扣处3000元，后续为前一次的递增（环卫保洁及垃圾分类违反均适用）。

14　为方便采购人对中标人服务质量的监管，促进中标人对承包事项做到常态化、精细化的管理，甲方在巡查等情况下发现乙方存在以下行为的，开处"日常管理考核扣款通知单"（第一次违约金100元，第二次违约金200元，第三次违约金300元，以此类推，具体违约金以发现次数及违约行为累计递增为计，违约金的递增为单项累计），从当月考评预留基金的10%扣罚（环卫保洁及垃圾分类人员在岗作业时违反均适用）。

1）作业时间内，未按要求穿着标志服的（按每人每次收取）。

2）作业时间内，违反交通规则的（按每人每次收取）。

3）作业时间内，出现作业脱岗或聚坐或清扫工具乱放置的（按每人每次收取）。

4）作业时间内，清扫、管养或督导区域有垃圾落地等保洁不干净、在岗不尽职的，原地间歇超过10min，垃圾或公厕污渍停留15min未及时清理，垃圾分类不到位（按每人每次收取）。

5）作业时间内，道路或人行道污染严重未及时清理冲洗（按每处每次收取）。

6）作业时间内，垃圾桶爆满或垃圾成堆未及时清理或垃圾容器及周边地面有污渍，垃圾收集车乱悬挂物品或垃圾超高超宽未密闭收集转运；分类垃圾接驳直运，垃圾桶在接驳点滞留超过30min（按每处每次收取）。

7）作业时间内，随意乱倒垃圾或焚烧垃圾或将垃圾树叶扫入下水道和绿地（按每人每次收取）。

8）公厕蹲位不干净（按每次每处收取）。

9）公厕或垃圾分类督导员台账记录不规范（按每次收取）。

10）作业车辆未分类标识或不清晰、车辆脏乱、乱停放、逆向行驶；作业后不得随意停靠，阻碍交通秩序（按每次每辆收取）。

11）所有作业人员在作业过程中禁止饮酒或者酒后上岗（按每人每次收取）。

12）公厕未24h开放（按每次收取）。

13）垃圾分类督导员二次分拣（按每人每次收取）。

15　在次月列入复查的道路未在规定时间内落实整改、长效保洁不落实、典型保洁问题不解决的，每发生1次扣200元。

在上述案例中，不仅考核指标非常细，而且考核力度非常大，例如，即使中标人月检考核综合得分合格，但仍有可能因为考核得分倒数第一或倒数第二而被扣除考评预留基金的100%或50%。又如，垃圾混装混运的扣处，第一次扣处1万元，第二次扣处2万元，后续为前一次的递增；垃圾分类人员培训次数以及入户次数未按标准实施，或垃圾分类督导人员配置不齐或四分类桶点位未单独配备督导员，扣处也是采用递增方式——当月扣处1000元，第二个月扣处2000元……

上述案例中，虽然对中标人也有奖励措施——测评满分且垃圾量零克，则奖励5%（奖励金从预留基金中支出）当月考评预留基金，但测评满分且垃圾量零克是非常困难的。此外，奖励是从其他的预留基金支出，这意味着同行的竞争非常激烈，有可能出现相互"拆台"的情形。

2. 强制性要求

细读招标文件的重中之重就是招标文件中对投标人的强制性要求。招标文件中的强制性要求分散在形式审查、资格审查、符合性审查以及技术因素和商务因素中不允许负偏离的条款。

如果是PDF电子版，可以用"高亮"的方式将强制性要求的底色转为黄色，如果是纸质版，可以用荧光笔将强制性要求涂成黄色。投标人最好把投标文件全部打印出来，以便在编制投标文件的过程中可以在招标文件上进行多次标记。当然，电子版也有其优势，便于进行自动查找。

很多投标人把整句话进行涂色，其实这样做只起到便于查找的作用。涂色时，不要把整句话都涂成黄色，而应把关键内容——关键词（词组）涂成黄色（见书中涂灰色部分，下同），这样做最大的好处是经过了投标人大脑的思考，突出重点，节省日后的编写和审核时间。如果招标文件要求投标人做出符合性等的承诺时，且投标人能对该事项进行承诺，那么只需要对"承诺"进行涂色。

案例 2-38：以下面案例 2-1 为例，涂色方式如下：

招标文件以及涂色的关键词（词组）	备注
"（2）根据××〔2021〕5号文的规定，预算金额500万元以下的政府采购项目基本资格条件采取"信用承诺制"，供应商提供资格承诺函（格式见附件）的即可参加采购活动，在投标文件中无须提供财务状况报告、依法缴纳税收和社会保障资金的相关证明材料。"	编制投标文件，应遵循奥卡姆剃刀原则，无须则减。由于项目的预算是"686000"元，属于预算金额500万元以下的可以采用"信用承诺制"而提供资格承诺函的招标投标项目，故要通过"资格承诺函"来代替财务状况报告、依法缴纳税收和社会保障资金的相关证明材料，因为在实践中，投标人提供的材料越多、越杂，越容易出错，最好的方法就是在招标文件许可的情形下化繁为简。因此，将上述三处涂成黄色，其中前两处是第三处的前置条件，如果没有涂成黄色，在后期的校对时，很容易质疑为什么可以使用"资格承诺函"
"投标人应具备风景园林工程设计专项甲级或以上资质，并提供有效资质证书复印件。"	国内对资质的要求都是××或以上，所以涂成黄色时，"或以上……"就不需要再涂色了

（续）

招标文件以及涂色的关键词（词组）	备注
"本招标文件第四章第一条资格审查中单位负责人授权书（若有）要求"电子投标文件中的本授权书（若有）应为原件的扫描件"，即电子投标文件中的单位负责人授权书应为纸质授权书原件的扫描件，该单位负责人授权书应当要有单位负责人的手写签字或盖章以及投标人代表的手写签字并加盖投标人单位公章（注：本提示本身非资格条款内容，如果有不一致，请以原条款的内容为准）。"	如果是法定代表人直接签署投标文件的，可以不涂成黄色。有时候，在投标须知前附表中的要求与附表等内容前后不一致，投标人应特别注意，具体的处理方式见下文
"是否接受联合体投标：不接受。"	投标文件的编写者有可能是在完成一个项目的投标文件的主体的编写，就开始别的投标文件的编写，鉴于有的项目接受联合体，有的不接受，很容易搞混，所以对"不接受"这一情形还是要标记
"投标人应在投标截止时间前按照××政府采购网上公开信息系统设定的操作流程将电子投标文件上传至××政府采购网上公开信息系统，同时将投标人的 CA 证书连同密封的纸质投标文件送达招标文件第一章第 10 条载明的地点，否则投标将被拒绝。"	有的电子投标还要求提供纸质文件，所以对此需要标记

合同包	品目号	采购标的	允许进口	数量	品目号预算/元	合同包预算/元	投标保证金	
1	1-1	其他专业技术服务	否	1（项）	686000	686000	0	部分招标文件的控制价（有的标于招标内容等章节）低于预算价，此时，就应取消此处的涂色，若无法消除原有的涂色时，应用红色进行标记，以免被误导

案例 2-39：某招标文件符合性要求的涂色方式如下：

招标文件的符合性要求及涂色部分	备注
投标人应在投标文件中书面承诺完全理解并接受本项目采购人要求经实地考察后确定中标资格供应商的定标原则（实地考察不合格的供应商将不作为中标人，采购人可根据项目实际情况按照综合得分的排名顺序递推下一中标候选人，如综合得分排名第一的中标候选人实地考察不合格，采购人可推选下一名中标候选人作为中标人，以此类推）	（1）有的地方已经不允许采购人进行评标后的实地考察了，如果投标人未对该考察条款进行质疑，则应承诺 （2）由于是对整个事项进行承诺，所以只需要对"承诺"进行涂色，无须对整段话涂色
质量要求：产品质量应当检验合格，必须符合国家标准、行业标准；未制定国家标准、行业标准的，必须符合国家卫生标准。净菜率要达到 90% 以上，投标人须对此做出书面承诺	承诺的事项实际上为两项，由于是对全部事项进行承诺，所以只需要对"承诺"进行涂色

（续）

招标文件的符合性要求及涂色部分	备注
供应要求按每天需求供应,数量由采购人根据实际需求确定并在前一天 18：00 前告知供货商。供货商应在第二日 8：00 前供货到××市行政区域内采购人指定的地点,提供送货单、单据、凭证齐全完整,通过质量验收,对于不符合采购品质要求的,需立即给予免费退换、补齐。供货商报价已包含经采购人验收合格所有可能发生的费用,包含生产、检验检疫、包装、采购、运输、装卸、售后服务、免费按时退换货服务等,投标人须对此做出书面承诺	有的投标文件编写新手只复制了要承诺的"内容",却未按照"我司承诺"的格式来写
投标人需提供2021 年 7~12 月××市市场监督管理局"入市必登"系统的使用证明(每月一张),并书面承诺每批次蔬菜的采购记录都及时上传到××市"入市必登"系统内	该条款要求投标人既要提供"入市必登"系统的使用证明,又要承诺蔬菜的采购记录上传,所以有三个地方需要涂色
中标人在供货期间,凡因所供货物质量问题造成食物中毒等其他严重后果的,中标人必须承担一切经济损失和法律责任,投标人须对此做出书面承诺	本项符合性审查只有一个承诺的要求,所以只需要对"承诺"涂色
投标人须书面承诺不得虚假应标,采购人若发现其存在虚假应标的有权终止合同,没收其全部履约保证金,并追究其违法违约责任	采购人不是执法机构,严格来讲是无权"没收"的,投标人承诺即可
中标价格的确定:因本项目招标 2 家投标人入围,故中标价格取入围的 2 家投标人所报折扣率的平均值为最终中标折扣率(如 A、B 两家为入围中标人,A 所报折扣率为 90%,B 所报折扣率为 80%,则最终中标折扣率为 85%),若在供货期间,不接受该条款,采购人有权单方面终止合同,并没收其履约保证金,投标人应做出专项承诺,能够完全理解并执行该条款	采购人不是执法机构,严格来讲是无权"没收"的。投标人承诺即可,只需要对"承诺"涂色
本项目以折扣率报价,所报折扣率不得高于(≤)90%。中标人在每月 30 号报送当月的送货价格,且报价不得高于商超卖场价格。采购人可至××市各大商超卖场及果蔬批发市场询价,商超卖场促销产品的价格不作为选取依据。各品项每期最高限价为(商超卖场价格+蔬菜批发市场价格)/2 * 中标折扣率;商超卖场询不到价格的品项,最高限价=批发市场价格 * 中标折扣率;批发市场询不到价格的品项,最高限价=商超卖场价格 * 中标折扣率,各品项每期最终定价为中标人报价与最高限价比较,取最低价,进行结算	严格讲,此处的"折扣率"是"折数",详见 5.4.2
履约保证金:第一中标人须在签订合同之前向采购人指定账号转账人民币 10 万元作为履约保证金,第二中标人须在签订合同之前向采购人指定账号转账人民币 8 万元作为履约保证金。未按要求提供履约保证金的,采购人将视为放弃中标资格。投标人应对此做出专项承诺	对整个内容进行承诺。只需要对"承诺"涂色

（续）

招标文件的符合性要求及涂色部分	备注
投标人应承诺理解并接受"中标人无正当理由不得放弃中标。若无故放弃，则履约保证金不予退还，并报市财政局采监处备案，纳入供应商黑名单。"投标人应对此做出专项承诺	"履约保证金不予退还"是正确的提法。只需要对"承诺"涂色

3. 评分规则

评分规则是招标文件中最容易出现歧义的部分，投标人通过细读，可以确定相应的策略，要么对招标文件进行质疑，要么"装傻"（详见下文）。

评分规则的涂色方法与强制性要求的涂色方法略有差异，这是由于投标人的得分有所差异，对评分档次可以用不同颜色标注，而强制性要求是对所有投标人都一样的，只需要一种颜色标注。

案例 2-40：某招标项目技术评分项与商务评分项的涂色部分及其注解如下：

评审序号	分值	评分标准	备注
1-1	2	投标人应分析本市绿化设计现状与特点，能说明本市绿化设计风格、问题和风险，分析深刻且条理清晰的得2分；投标人对本市设计风格做出基本说明、问题和风险分析且有一定深度、条理清晰的得1分；投标人只提出存在的问题，并未分析可能存在的风险，或提供的内容不完整或未提供相关内容，或提供的内容不符合实际情况的均不得分	分析是否深刻具有一定的弹性，如果连本市绿化设计风格都没有明确，很难说是分析深刻，所以"本市绿化设计风格"应作为关键内容之一进行涂色
1-2	2	投标人应分析城市道路绿化安全距离。投标人对上述内容提供详细描述，条理清晰且充分结合本市特点的得2分；投标人所提供的内容较为简单，但基本结合本市特点进行分析的得1分；投标人未结合本市特点进行分析，或未提供相关内容或提供的内容不符合实际情况的均不得分	"城市道路绿化安全距离"是关键内容。当前，很多地方的绿化不符合安全距离的要求
1-3	2	投标人应基于本市道路断面设计，总结其存在的主要问题并分析。投标人提出存在的问题，并分析其可能存在的风险，内容全面、重点突出且条理清晰的得2分；投标人提出存在的问题且分析可能存在的风险，内容较全面但分析较为简单的得1分；投标人只提出存在的问题，并未分析可能存在的风险，或提供的内容不完整或未提供相关内容，或提供的内容不符合实际情况的均不得分	只提出存在的问题，并未分析可能存在的风险，将不得分，所以需要将"存在的问题""可能存在的风险"都作为关键内容而涂成黄色
1-4	2	投标人应基于本市苗木品种选择，总结存在的主要问题并分析。投标人提出存在的问题，并分析其可能存在的风险，对本市道路绿化主要树种情况分析准确，问题和风险分析深刻且条理清晰的得2分；投标人对本市道路绿化主要树种情况分析基本准确，问题和风险分析有一定深度的得1分；投标人只提出存在的问题，并未分析可能存在的风险，或提供的内容不完整或未提供相关内容，或提供的内容不符合实际情况的均不得分	"基于本市苗木品种选择"是本项分析的角度，应作为关键内容而涂成黄色。前两个评分项中"基于本市绿化设计""基于本市道路断面设计"和后一个评分项中"基于本市苗木种植密度"也是这个道理

（续）

评审序号	分值	评分标准	备注
1-5	2	投标人应基于本市苗木种植密度,总结存在的主要问题并分析。投标人提出存在的问题,并分析其可能存在的风险,分析深入、符合植物特性且条理清晰的得2分;投标人对植物种植密度的分析有一定深度、基本符合植物特性的得1分;投标人只提出存在的问题,并未分析可能存在的风险,或提供的内容不完整或未提供相关内容,或提供的内容不符合实际情况的均不得分	"符合植物特性"是关键内容,故涂成黄色
1-6	2	投标人应分析本市道路各类植物种植密度(如乔木、灌木、藤本、竹类、棕榈植物、地被或草本植物)。投标人每选择其中一类植物进行详细分析的得0.5分, 满分2分。若投标人只提供概括性内容,并未详细展开的,或提供内容不符合实际情况的均不得分	评分项共列出7项,所以需要分开涂色,以便投标文件编写人自己可以选择最熟悉的4项来编写
1-7	2	投标人应基于本市绿化带喷灌系统设置,总结存在的主要问题并分析。投标人提出存在的问题,并分析其可能存在的风险,结合多种绿地地形、突出重点且条理清晰的得2分;投标人结合多种绿地地形进行分析但分析内容较为简单的得1分;投标人只提出存在的问题,并未分析可能存在的风险,或提供的内容不完整或未提供相关内容,或提供的内容不符合实际情况的均不得分	"基于本市绿化带喷灌系统设置""多种绿地地形"是关键内容,所以涂成黄色
1-8	2	投标人应遵循生态优先原则,分别从地形、气候、植物特性三个方面进行分析。投标人针对上述三个方面进行分析,体现尊重自然,因地制宜,内容全面、重点突出且条理清晰的得2分;投标人对上述三个方面进行分析,内容全面、重点突出但分析较为简单的得1分;投标人未对上述三个方面全部进行分析,或未提供相关内容或提供的内容不符合实际情况的均不得分	评分项要求从"地形、气候、植物特性三个方面进行分析",否则不得分,所以要分开涂色,以免编制投标文件时遗漏其中一项而失分
1-9	2	投标人应遵循以人为本原则,分别从安全行车视线、安全行车和行人安全通行、行人遮阴三个方面进行分析。投标人针对上述三个方面并结合动车道、非机动车道、人行道之间通过不同绿化形式达到互不干扰的效果进行分析,内容全面、重点突出且条理清晰的得2分;投标人对上述三个方面进行分析,内容较全面但分析较为简单的得1分;投标人未对上述三个方面全部进行分析,或未提供相关内容或提供的内容不符合实际情况的均不得分	评分项要求从"安全行车视线、安全行车和行人安全通行、行人遮阴三个方面进行分析",否则不得分,所以要分开涂色;反之,如果对整句话涂色,很可能只从"安全行车视线""安全行车""行人安全通行"三个方面分析,而遗漏了"行人遮阴"
1-10	2	投标人应遵循适地适树原则,结合本市树种生存特性及环境因素,可从易成活、易养护、适应性强、抗台风和抗病虫害等方面进行分析。投标人结合本市树种生存特性及环境因素,围绕适地适树原则进行分析,内容全面、重点突出且条理清晰的得2分;投标人虽结合本市树种生存特性及环境因素进行分析,内容较全面但分析不够深入的得1分;投标人未提供相关内容或提供的内容不符合实际情况的均不得分	评分项未强制要求从"易成活、易养护、适应性强、抗台风和抗病虫害"分析,但规定"内容全面、重点突出且条理清晰的"才能满分,故需要从上述五个方面进行分析,否则评标委员会会认为不够全面,所以需要分别涂色

（续）

评审序号	分值	评分标准	备注
1-11	2	投标人应遵循景观功能最大化原则,通过本市道路绿化景观,如何展现本市文化底蕴。投标人对上述内容进行详细描述,条理清晰且充分展现本市文化底蕴的得2分;投标人所提供的内容较为简单,但大体能够展现本市文化底蕴的得1分;提供的内容无法明确展现本市文化底蕴,或未提供相关内容或提供的内容不符合实际情况的均不得分	关键内容为"景观功能最大化原则""本市文化底蕴"
1-12	2	投标人应遵循整体协调原则,投标人应结合交通设施、景观、环境保护要求等因素进行分析。投标人对上述内容提供详细描述,条理清晰且充分展现各因素相互协调的得2分;投标人所提供的内容较为简单,但大体能够展现各因素相互作用的得1分;提供的内容无法明确展现各因素相互作用,或未提供相关内容或提供的内容不符合实际情况的均不得分	评分项要求充分展现各因素(交通设施、景观、环境保护)相互协调,所以除了交通设施、景观、环境保护需要涂色之外,"各因素相互协调"也需要涂色,否则,若未详细描述交通设施与景观等之间的相互作用,就会失分
1-13	2	投标人应遵循节约资源原则,投标人应根据开发进程和实际使用需求进行分析。投标人对上述内容提供详细描述,条理清晰且充分体现节约资源的得2分;投标人所提供的内容较为简单,但大体能够体现节约资源的得1分;提供的内容无法明确体现节约资源,或未提供相关内容或提供的内容不符合实际情况的均不得分	"开发进程""实际使用需求"都需要遵循"节约资源原则",故这三个关键词(词组)需要涂色
1-14	2	投标人应遵循同步建设原则,即同步规划设计、同步施工、同步验收等。投标人对上述内容提供详细描述,条理清晰且充分体现同步建设的得2分;投标人所提供的内容较为简单,但大体能够体现同步建设的得1分;提供的内容无法明确体现同步建设,或未提供相关内容或提供的内容不符合实际情况的均不得分	要从"同步规划设计、同步施工、同步验收"角度体现"同步建设原则",故这四个关键词(词组)需要涂色
1-15	2	投标人应分析本市道路绿化种植条件。投标人对上述内容提供详细描述,条理清晰且充分结合本市特点的得2分;投标人所提供的内容较为简单,但基本结合本市特点进行分析的得1分;投标人未结合本市特点进行分析,或未提供相关内容或提供的内容不符合实际情况的均不得分	本评分项只有一个关键词(词组)
1-16	2	投标人应基于有关法律法规、规范标准,从道路绿带绿化、交通岛绿化、桥梁绿化、停车场绿化等方面进行分析,对本市道路绿化设计提出控制与指引。分析详尽、条理清晰,且充分结合本市特点的得2分;分析较为简单,但基本结合本市特点的得1分;投标人未结合本市特点进行分析,或未提供相关内容或提供的内容不符合实际情况的均不得分	对设计提出控制与指引要涵盖道路绿带绿化、交通岛绿化、桥梁绿化、停车场绿化,所以需要分别涂色

（续）

评审序号	分值	评分标准	备注
1-17	2	投标人应基于有关法律法规、规范标准,从道路绿化施工的各主要环节进行分析,对本市道路绿化施工提出控制与指引。投标人对城市道路绿化施工的各个环节进行完整分析,条理清晰且充分结合实际情况的得2分;投标人对各个环节进行分析但内容较为简单的得1分;投标人未对各主要环节进行分析,或未提供相关内容或提供的内容不符合实际情况的均不得分	要求对施工各主要环节进行分析,所以需要涂色
1-18	2	投标人应基于有关法律法规、规范标准,从质量、进度、造价、安全生产管理、文明施工管理、质量问题和质量事故等方面进行分析,对我市道路绿化监理提出控制与指引。分析详尽、条理清晰且充分结合我市特点的得2分;分析较为简单,但基本结合我市特点进行分析的得1分;投标人未结合城市特点进行分析,或未提供相关内容或提供的内容不符合实际情况的均不得分	监理的控制与指引要涵盖"质量、进度、造价、安全生产管理、文明施工管理、质量问题和质量事故"等方面,所以要分别涂色,以免遗漏
1-19	2	投标人应基于有关法律法规、规范标准,从验收要求、验收程序、验收标准、竣工验收、资料归档等方面进行分析,对我市道路绿化验收提出控制与指引。分析详尽、条理清晰且充分结合城市特点的得2分;分析较为简单,但基本结合我市特点进行分析的得1分;投标人未结合我市特点进行分析,或未提供相关内容或提供的内容不符合实际情况的均不得分	验收的控制与指引涉及"验收要求、验收程序、验收标准、竣工验收、资料归档"等方面,需要分别涂色
1-20	2	投标人应明确本市道路绿地等级划分与管理标准、本市道路绿化管养要求、本市道路绿化养护专项考评的主要内容。投标人对上述内容提供详细描述,条理清晰且充分结合本市特点的得2分;投标人描述较为简单,但基本结合本市特点的得1分;投标人未结合本市特点进行分析,或未提供相关内容或提供的内容不符合实际情况的均不得分	关键内容有三项,故应分开涂色
1-21	2	投标人在完成本市城市道路绿化建设全过程导则过程中,应承诺符合本市道路的交通组织、文物保护、环境保护等要求。投标人提供承诺的得2分,否则不得分	承诺项,只需对"承诺"涂色
1-22	2	投标人承诺采购人在使用其所提供的任何一部分成果,均不受第三方关于侵犯知识产权指控的得2分,未提供承诺的不得分	承诺项,只需对"承诺"涂色
1-23	2	投标人获得ISO认证,每获得一个认证,得0.5分,满分2分。ISO认证已过期或未显示有效期的不得分	ISO的认证都是有时效性的,任何过期的证明资料在招标投标中都不能作为加分资料,所以需要涂色的关键词只有两处

（续）

评审序号	分值	评分标准	备注
1-24	2	根据投标人的获奖情况进行评价,每提供一个政府部门颁发风景园林类、规划类或与道路绿化相关的奖项得1分,满分2分。投标人应提供有效证书复印件或其他有效证明材料,否则不得分	关键内容——政府部门颁发,也就是说协会或其他非政府机构颁发的不能得分,但政府与其他非政府机构共同颁发的可以得分
1-25	2	投标人自2019年1月1日以来完成过园林绿化行业导则或指引编制工作的业绩,每一个业绩得1分,满分2分。投标人须在投标文件中提供该业绩项目以下资料复印件(原件备查):①采购合同文本。②中标成交公告(提供中标或成交公告的下载网页及其网址)。③中标(成交)通知书。④能够证明该业绩项目已经采购人验收合格的相关证明文件,尚未验收的项目提供用户满意度证明文件。如未按以上要求提供该项业绩完整资料的,评标委员会对该项业绩将不予采信	关键内容分开涂色,如"下载网页"和"网址"要分开涂色,实践中,很多新手编写投标文件时,只附上了下载网页,没有附上网址
1-26	5	投标人自2019年1月1日以来主编发布过园林绿化行业设计规范、施工规范、监理规范、验收规范或管养规范的,每涉及上述一类得1分,满分5分。投标人应提供体现主编单位的文件页面、编制合同及标准化主管部门发布的批文(含文件编号)复印件,并加盖投标人公章,否则不得分	核心要求之一是"主编",如果没有明确是作为主编单位,且未排名第一,就不能得分
1-27	3	投标人为本项目指派的项目负责人为园林、风景园林、林业或规划专业,在满足专业要求的基础上,负责人为教授级高级工程师的得3分;为高级工程师的得2分;为中级工程师的得1分;其他情况不得分。投标人应提供有效职称证书复印件及投标截止时间前六个月内任意一个月(不含投标截止时间当月)为该人员缴纳社保的凭证,并加盖投标人公章,否则不得分	基本要求是专业符合(园林、林业、规划)及社保(前六个月内任意一个月,加盖公章),满分的要求是教授级高级工程师;客观评分项的非满分要求涂成绿色,因为多数投标人难以达到所有客观评分项的满分要求
1-28	3	投标人为本项目配备的项目组成员中技术负责人具有副高级或以上(含副高级)职称证书,在满足上述要求的基础上,具有与本项目类似工作经验,工作经验大于或等于5年的得3分;工作经验大于或等于3年且小于5年的得2分;工作经验小于3年的得1分。投标人需提供技术负责人身份证明材料、有效职称证书、从事相关工作的有效合同及投标截止时间前六个月内任意一个月(不含投标截止时间当月)为该人员缴纳社保的凭证,以上材料均为复印件并加盖投标人公章,否则不得分	满分的要求是技术负责人具有副高级或以上职称,且工作经验大于或等于5年,所以涂成黄色。工作经验有弹性,所以工作经验未达到5年的两种情形,不需要涂色。对提交社保的要求,通常是不含投标截止时间当月,这主要是防止投标人为投标而临时招人,所以上述要求不需要涂色

（续）

评审序号	分值	评分标准	备注
1-29	3	投标人为本项目配备的项目组成员均具有中级或以上（含中级）职称证书（除项目负责人和技术负责人外），在此基础上，项目组成员大于或等于3名，且类似工作经验均大于或等于3年的得3分；项目组成员2名，且类似工作经验均大于或等于3年的得2分；项目组成员1名，且类似工作经验均大于或等于3年的得1分；其他情况不得分。投标人应提供项目组成员名单、有效职称证书及投标截止时间前六个月内任意一个月（不含投标截止时间当月）为该人员缴纳社保的凭证，以上材料均为复印件并加盖投标人公章，否则不得分	基本要求是项目组成员均为中级以上且有社保，也就是说项目组的人未必是越多越好，如果项目组成员有初级职称或社保不符合要求的，反而不得分。评分要求中项目组成员大于或等于3名，是指项目负责人和技术负责人之外的人员，所以这些要求也需要涂成黄色
1-30	2	投标人承诺采购人有权在成果文件审批后公开展示本次工作成果的得2分，未提供承诺的不得分	只需对"承诺"涂色
1-31	2	投标人自2019年1月1日以来，在相关技术行业导则或标准化编制工作或指引编制工作中获得用户好评的，每提供一份良好评价证明的得1分，满分2分（投标人应提供采购单位出具的盖章材料，采购单位相同的只计算一份，未提供的不得分）	不同的招标文件对提供好评的采购人是否可以重复有不同要求，或未予明确，所以本评分项"采购单位相同的只计算一份"需要涂色
1-32	2	根据投标人的单位内部控制制度进行评分：内部控制制度（至少包含服务管理制度、服务事故追责制度等），内部控制制度完整、可行的，得2分；内部控制制度不完整的，得1分；未提供相关材料的不得分	2个得分点，均涂黄色

2.2.2 "知己"

知己——能否胜任、差距在哪、如何弥补。往往在"知彼"的过程中才能更好地"知己"。

案例2-41：某酒店食材采购，第三次招标时，包1有3个投标人，包2只有2个投标人。

上述项目之所以两次流标，而第三次招标时投标人仍很少，是因为招标文件规定采购价格采取固定价，没有随行就市，这意味着投标人将承担较大风险。如果投标人没有数年的数据积累，那么连出价的可能性都没有，这就是本书第2章"知彼"部分提到的边界。

有的评分要求，投标人在投标截止之前难以满足。

以案例2-40中的评审项1-27为例，该评审项规定，教授级高级工程师得3分，高级工程师得2分，工程师得1分。对大多数投标人（大学、设计院等除外）而言，很少有正高级人员，包括教授级高级工程师，由于有社保限制，通常不可能从别的单位聘一个教授级高级工程师。

有的评分项要求，有可能打时间差，例如，允许投标人租用设备，允许投标人承诺中标时设备和（或）人员到场。

案例2-42：某环卫招标项目，允许部分设备租用，允许投标人在签订合同前将项目管理人员配备到位，评分项及其备注如下：

序号	分值	评分要求	备注
1-1	2	投标人制定的项目管理制度（至少包含自检自查制度，各职能部门管理制度，如财务管理制度、财务成本风险管控制度、档案管理制度）：制度详细、完整的，得2分；制度宽泛、有缺项的，得1分；制度存在较大偏差或重大缺陷的得1分；制度与本项目实际情况不符或未提供的不得分	"项目管理制度"中要求的自检自查制度、财务成本风险管控制度、档案管理制度都是针对本项目的，财务管理制度则是以往的通行财务制度+针对本项目的特殊规定
1-2	2	投标人根据招标内容自行到项目所在地进行踏勘：实地踏勘覆盖完整（至少包括一条主干道、一条内街小巷、一条村居道路），并提供踏勘彩色图片，且对踏勘存在的问题总结到位并提供了实际可行的解决方案的，得2分；实地踏勘覆盖部分缺漏，能发现存在的主要问题，并提出解决方案的，得1分；实地踏勘有误，现状描述与实际偏差较大，或未提出解决方案，或未提供踏勘报告的不得分	对"一条主干道""一条内街小巷""一条村居道路"分别涂色，确保踏勘、编制投标文件均不遗漏
1-3	2	投标人制定的道路（含主次干道、内街小巷、村居道路）清扫保洁服务方案（须包含清扫保洁的日常工作流程、作业标准、工作计划及组织实施措施、作业质量目标方案）：方案详细具体，具有针对性，要点完全符合上述要求的，得2分；方案简单，内容有缺漏的，得1分；方案与本项目实际情况不符或未提供的不得分	方案要包括工作流程等五部分，主干道与村居道路的工作流程等是不同的，所以需要分开阐述，故应分别涂色
1-4	2	投标人制定的无物业小区保洁服务方案，服务方案具有针对性，特别针对地面脏污、杂物乱堆放、"牛皮癣"、建筑装修垃圾堆积、生活垃圾分类等问题，根据无物业小区情况提出详细、具体、明确的服务流程、服务方式、服务效果、服务验收的，得2分；服务方案较为简单，大致能符合项目需求的，得1分；方案与本项目不符或未提供的不得分	地面脏污等五大问题不仅是服务方案的重点，也是本表1-2踏勘照片的重点
1-5	2	投标人制定的与有物业管理小区的配合方案（包含与物业的配合流程、配合的作业方案、沟通渠道、沟通机制、对业主环卫保洁问题的投诉处理方案）：方案符合上述要求，描述完整详细、要点分析完全符合实际的，得2分；方案基本符合项目需求但有缺漏的，得1分；方案与本项目实际情况不符或未提供的不得分	配合方案应当包含配合流程等五项，故分别涂色
1-6	2	投标人制定的日常垃圾运输方案（至少包含但不限于垃圾清运收纳服务计划、垃圾运输作业措施方案、垃圾转运措施）：方案完整详细、要点分析完全符合实际的，得2分；方案描述大致合理但有缺漏的，得1分；方案与本项目实际情况不符或未提供的不得分	运输方案涉及清运、外运和转运三大环节
1-7	2	投标人制定的垃圾分类、处理方案（至少包含垃圾分类的引导、垃圾分类的基本原则、垃圾分类的主要目标，且做到有害垃圾、易腐垃圾不过夜，做好垃圾清理工作记录）：方案描述完整详细、要点分析完全符合实际的，得2分；方案大致符合项目需求但有缺漏的，得1分；方案与本项目实际情况不符或未提供的不得分	垃圾分类不到位是最常见的问题，也是本表1-2踏勘照片的重点
1-8	2	投标人制定的公厕保洁方案（须包含日常保洁及运营维护流程、工作计划及组织实施措施、作业质量目标）：方案详细具体，具有针对性，要点完全符合上述要求的，得2分；方案描述较合理，要点大致符合上述要求但有缺漏的，得1分；方案与本项目实际情况不符或未提供的不得分	保洁方案包含日常保洁、作业质量目标等三方面，"牛皮癣"是公厕常见问题，应从上述几方面阐述。招标文件的"招标内容"往往有作业质量目标的要求

（续）

序号	分值	评分要求	备注
1-9	2	投标人制定的绿地养护管理方案［至少包含管理的流程，管养方法的工作细则，管养的技术措施（如浇灌、修剪、施肥），管养的质量标准］：方案符合上述要求，描述完整详细、要点分析合理的，得 2 分；方案基本符合项目需求但有缺漏的，得 1 分；方案与本项目实际情况不符或未提供的不得分	投标文件应包含涂色的四大部分，其中，管养的技术措施至少应包含浇灌、修剪、施肥，故应分开涂色，以免遗漏。浇灌方案，应根据项目地是否有自动喷灌、滴灌而定
1-10	2	投标人制定的针对本项目的公共设施设备维护方案：方案描述完整详细、要点分析合理的，得 2 分；方案基本符合项目需求但有缺漏的，得 1 分；方案与本项目实际情况不符或未提供的不得分	公共设施设备包括道路浇灌设施、公厕设施等
1-11	2	投标人制定的针对本项目的重大活动、节假日、迎检应急预案，应包括除本项目内的人员、设备配置之外的可调配人员、设备：方案完整详细、分析具体透彻、要点齐全，列出可调配人员、设备配备清单的，得 2 分；投标人无法调配人员、设备开展应急保障的，但方案要点基本符合项目需求，得 1 分；方案与本项目实际情况不符或未提供的不得分	可调配人员、设备配备清单要先列出来，中标时能落实即可
1-12	2	投标人制定的针对本项目的突发事件应急预案（包含恶劣天气、安全事故、疫情防控、突发纠纷、110 联动等），方案应包含应急事件报告制度、应急服务保障措施、响应时间、设备保障、人员配合。其中：方案完整、涵盖上述五项且每项描述科学合理、针对性强、应对措施有力的，得 2 分；对应措施及工作安排基本符合项目需求但有缺漏的，得 1 分；对应措施及工作安排不符或未提供的不得分	恶劣天气、安全事故、疫情防控、突发纠纷、110 联动这五项都要涵盖报告制度、应急服务保障措施、响应时间、设备保障、人员配合
1-13	2	投标人制定的针对本项目的安全生产防范保障措施方案（至少包含对员工开展道路安全教育，作业过程中的人身安全防护、防护区域划定、设施配备与布置）：方案符合上述要求，描述完整详细、要点分析有利于项目实施的，得 2 分；方案基本符合项目需求但有缺漏的，得 1 分；方案与本项目实际情况不符或未提供的不得分	不同的作业类型对防护要求不同，涉及防护区域、设施的应分开阐述
1-14	2	投标人制定针对本项目的文明作业措施方案（至少包含文明作业操作规范、操作流程）：方案符合上述要求，描述完整详细、要点分析完全符合实际的，得 2 分；方案基本符合项目需求但有缺漏的，得 1 分；方案与本项目实际情况不符或未提供的不得分	文明作业操作规范应阐明避让清扫路段的行人、公厕的使用者
1-15	2	投标人制定的服务质量保障措施：对服务过程中的关键节点有具体质量控制措施，有相应的人力、物力投入安排，能够确保服务质量的，得 2 分；服务质量保障措施较为简单，对服务过程中的关键节点有遗漏的，得 1 分；保障措施不可行或未提供的不得分	关键节点不能遗漏
1-16	2	投标人制定的人员配备方案（至少包含工作职能组织运行图，各岗位人员数量、年龄、工种的配比，岗位工作内容、职责方案，班次排列）：方案涵盖上述内容且科学合理，岗位职责明确，符合项目需求的，得 2 分；方案未完全覆盖以上内容的，得 1 分；方案与本项目实际情况不符或未提供的不得分	涂色内容是该方案的最低要求

（续）

序号	分值	评分要求	备注
1-17	2	投标人制定的环卫机械作业车辆安全操作规程、作业流程、维护保养方案:方案完整详细、分析具体透彻、要点齐全的,得2分;方案不详细、要点有缺漏的,得1分;方案与本项目实际情况不符或未提供的不得分	涂色部分因车辆类型和使用年限而异
1-18	2	投标人制定的员工福利保障措施方案（至少包含年终奖金、节假日加班费、高温补贴、其他福利的发放,考评方案及薪酬发放方案,人性关怀制度）:方案涵盖上述内容,且内容翔实、具有针对性、可操作性的,得2分;方案未完全覆盖以上内容的,得1分;方案与本项目实际情况不符或未提供的不得分	人性关怀制度应针对本项目
1-19	2	投标人制定的劳保用品配置、劳保费的发放方案（至少包含劳保用品清单、劳保发放的标准和范围、发放的时间）:方案详细、内容完整且涵盖以上要点的,得2分;方案不具体、内容有缺漏的,得1分;方案与本项目实际情况不符或未提供的不得分	劳保用品清单应包括作业服。劳保发放的标准因岗位而异
1-20	2	投标人所提供各类人员的培训计划（包括培训方式、培训内容）:方案完整详细、分析具体透彻、要点齐全、有利于项目实施的得2分;方案不完整、有缺漏的,得1分;方案与本项目实际情况不符或未提供的不得分	培训计划应涵盖各种人员
1-21	3	本项目配备的环卫机械作业车辆情况:①满足洗扫车3辆、高压清洗车3辆（总质量25t及以上1辆、总质量15t及以上1辆、总质量5t及以上1辆）、路面养护车3辆、密闭式垃圾清运车3辆、分类垃圾收集车90辆的,得3分。属于投标人自有车辆的应提供车辆的有效行驶证复印件或扫描件;属于租赁车辆的应承诺在中标合同签订之前提供车辆租赁合同复印件（租赁期限至少覆盖本项目服务期限）以及车辆的有效行驶证复印件或扫描件,承诺函格式自拟。未按上述要求提供资料的均不得分	有效行驶证的证明要求按期年检,年检逾期的,不能视为有效。车辆属于租赁的,承诺事项涉及车辆的类型、数量、有效行驶证、合格的租赁期限。由于招标文件允许投标人承诺,所以投标人可以打时间差:如果设备不足,可以承诺对不足部分或对所有配备车辆进行承诺,若车辆充足但部分行驶证超期,或来不及编写投标文件的,可以全部使用承诺的方式。本表中1-21第二至四项均在第一项满足的基础上才能得分
	1	②在①的基础上:每增加1辆总质量15t及以上洗扫车的,得0.5分,增加2辆或2辆以上的,得1分。属于投标人自有车辆的应提供车辆的有效行驶证复印件或扫描件;属于租赁车辆的应承诺在中标合同签订之前提供车辆租赁合同复印件（租赁期限至少覆盖本项目服务期限）以及车辆的有效行驶证复印件或扫描件,承诺函格式自拟。未按上述要求提供资料的均不得分	
	1	③在①的基础上:每增加1辆总质量15t及以上高压清洗车的,得0.5分,增加2辆或2辆以上的,得1分。属于投标人自有车辆的应提供车辆的有效行驶证复印件或扫描件;属于租赁车辆的应承诺在中标合同签订之前提供车辆租赁合同复印件（租赁期限至少覆盖本项目服务期限）以及车辆的有效行驶证复印件或扫描件,承诺函格式自拟。未按上述要求提供资料的均不得分	
	1	④在①的基础上:每增加1辆密闭式垃圾清运车的,得0.5分,增加2辆或2辆以上的,得1分。属于投标人自有车辆的应提供车辆的有效行驶证复印件或扫描件;属于租赁车辆的应承诺在中标合同签订之前提供车辆租赁合同复印件（租赁期限至少覆盖本项目服务期限）以及车辆的有效行驶证复印件或扫描件,承诺函格式自拟。未按上述要求提供资料的均不得分	

（续）

序号	分值	评分要求	备注
1-22	2	投标人拟投入本项目的必需物资（不少于10种，但不包含上述作业车辆），物资配备表应列明名称、规格型号、用途等；配置完整，可完全满足日常服务及应急处理的得2分；配备有缺漏，影响日常服务及应急处理的，得1分；未提供不得分	本招标文件对物资配备表有明确的要求，故应当对关键词"规格型号""用途"涂色
1-23	2	投标人提供在服务期满后与新的供应商的交接过渡方案：对不同岗位的交接进行详细描述，有利于后续服务执行，并承诺按采购人要求进行交接，服从采购人管理安排的，得2分；交接方案有缺漏，但承诺按采购人要求进行交接，服从采购人管理安排的，得1分；方案不可行，或未承诺按采购人要求进行交接、服从采购人管理安排的，或未提供方案的均不得分	移交方案涉及各岗位
1-24	2	投标人构建的针对本项目的智慧环卫管理平台（至少包含作业车辆定位、车辆油耗统计、人员考勤打卡等实时监管功能）：平台能完全适合本项目各类服务需求的管理，并可开放监管界面供采购人实时督查的，可得2分；平台涵盖环卫作业智能化基本需求，但不能开放监管界面供采购人督查的，得1分；平台不满足项目需求或未提供的均不得分	投标文件至少要能体现出涂色的四部分内容
1-25	2	投标人获得境内OHSAS 18001（或ISO 45001）或者GB/T 45001—2020的职业健康安全管理体系认证证书且在有效期内，提供证书复印件或扫描件，且经过平台登记并提供网络截图的，得2分	境外机构认证无效。有的招标文件没有明确有效期，有的没有要求经登记并提供网络截图，故该招标文件的上述要求都要涂色，以免遗漏
1-26	2	投标人获得境内ISO 9001或GB/T 19001—2016的质量管理体系认证证书且在有效期内，提供证书复印件或扫描件，且经过平台登记并提供网络截图的，得2分	
1-27	2	投标人获得境内ISO 14001或GB/T 24001—2016的环境管理体系认证证书且在有效期内，提供证书复印件或扫描件，且经过平台登记并提供网络截图的，得2分	
1-28	3	投标人提供的2019年1月1日至投标截止日环卫项目业绩（至少包含清扫、垃圾清运、垃圾分类）的证明［须包含：①中标（成交）公告，并提供相关网站中标或成交公告的下载网页及其网址。②中标（成交）通知书。③采购合同文本（应包含合同首页，并能体现合同名称、金额、签订时间、发包人名称（盖章）、业绩内容）。④能够证明上述业绩项目已经采购人验收合格的相关证明］的扫描件或复印件，原件备查，每提供一个业绩证明，得1分，满分3分。未按照以上要求提供该业绩证明的，不予采信	中标（成交）公告、中标（成交）通知书、合同、验收被业界统称为"四证齐全"，是否要求提供下载网页及其网址，没有统一规定，该招标文件有要求，所以需要涂色
1-29	2	项目负责人，具有本科及以上学历，且具有高级职称（专业类别与本项目相关）的，得2分；具有本科及以上学历，且具有中级职称（专业类别与本项目相关）的，得1分。投标人须提供学历证书证明（提供毕业证书复印件或扫描件及学信网查询截图）、职称证书复印件或扫描件，未按以上要求提供证明材料的不得分	该招标文件特别要求提供学信网查询截图

（续）

序号	分值	评分要求	备注
1-30	3	投标人提供的自2019年1月1日至投标截止日用户单位出具的环卫项目的书面评价，每提供一项合格（良好）的评价或验收合格的报告，得1分，满分3分。须提供合同复印件，书面评价加盖用户单位公章，同一单位的评价不重复计算，且不得与本表1-28重复	本表1-30与1-28的要求不同。对于由教育局组织的食材采购，一个标包包含了多个学校的食材采购，该标包只能作为一个业绩，用于1-28，即该标包下的不同合同及其验收合格证明不能作为1-28的不同业绩，但可以作为1-30不同的书面评价证明（合同不能与1-28的重复）
1-31	2	拟派项目负责人具有3年或3年以上的环卫管理经验，并承担过环卫项目的负责人，满分2分。须提供相关证明（包括合同及验收证明）	"承担过"意味着已经结束
1-32	3	投标人为拟投入本项目工作人员购买雇主责任保险或人身意外险：保险额度不低于60万元的，得1分；保险额度不低于80万元的，得2分；保险额度不低于100万元的，得3分。投标人须提供购买的保单（须体现保险额度及保险期至少包含项目服务期限），或承诺中标后为拟投入本项目工作人员购买上述保险（承诺函格式自拟，但承诺函须体现保险额度及保险期限），未按要求提供的不得分	承诺是最优选项
1-33	3	投标人可提供本地化服务的，得3分，否则不得分。投标人可提供合作单位或者自身机构的营业执照证明，也可以提供在本地已设立的项目部、办事处等机构的证明，或承诺中标后提供本地化服务	外地企业承诺本地化服务的，应在承诺书中声明设立项目部或办事处
1-34	3	投标人承诺中标后在合同签订之日起10日内（含签订之日），拟投入人员及设备必须配备到位并进场服务，承诺函格式自拟	承诺函不能遗漏"进场服务"这四个关键字

当细读完招标文件时，就容易发现招标文件有哪些"坑"（详见下一章）。

第 **3** 章

招标文件有哪些"坑"

3.1 前后不一致

3.1.1 格式条款所致

由于编写人通常会使用原有的范本编写招标文件,也就是照搬原有的格式条款,而新的招标文件中某些要求往往与旧的范本不同,这就容易导致招标文件的内容会前后不一致,例如,电子招标文件往往套用纸质招标文件的格式,在原有的基础上增加一些特殊规定。在这种情形下,往往会有一些特别的澄清。

以案例 2-1 为例:

投标邀请书之 5.4.6 特别注明"本采购文件其他章节有关信用记录查询使用的内容与本章内容不一致的,以本章的内容为准"。

以案例 2-3 为例:

招标文件的表 1 的第 1 行就注明"特别提示:本表与招标文件对应章节的内容若不一致,以本表为准"。

招标文件的表 2 第(1)项规定"招标文件中除下述第(2)、(3)项所述内容外的其他内容及规定适用本项目的电子招标投标活动"。

招标文件的表 2 第(3)项规定"将下列内容增列为招标文件的组成部分(以下简称:"增列内容")适用本项目的电子招标投标活动,若增列内容与招标文件其他章节内容有冲突,应以增列内容为准"。

有的招标文件,尤其是工程类的,内容繁杂,不同部分之间会有一些不一致,此时招标文件通常会明确这几部分的优先顺序:合同、中标通知、投标函及附录、专用条款、通用条款、技术标准和要求、图纸、已标价工程量清单、其他。

3.1.2　与政策变动相关

案例 3-1：某招标文件的资格审查要求如下：

一般资格证明文件：

明细	描述
单位负责人授权书（若需要）	1. 企业（银行、保险、石油石化、电力、电信等行业除外）、事业单位和社会团体法人的"单位负责人"是指法定代表人，即与实际提交的"营业执照等证明文件"载明的一致 2. 银行、保险、石油石化、电力、电信等行业：以法人身份参加投标的，"单位负责人"是指法定代表人，即与实际提交的"营业执照等证明文件"载明的一致；以非法人身份参加投标的，"单位负责人"是指代表单位行使职权的主要负责人，即与实际提交的"营业执照等证明文件"载明的一致 3. 投标人（自然人除外）：若投标人代表为单位负责人授权的委托代理人，应提供本授权书；若投标人代表为单位负责人，应在此项下提交其身份证正反面复印件，可不提供本授权书 4. 投标人为自然人的，可不填写本授权书 5. 纸质投标文件正本中的本授权书（若有）应为原件。电子投标文件中的本授权书（若有）应为原件的扫描件（投标人应按照招标文件第六章规定提供）
营业执照等证明文件	1. 投标人为企业的，提供有效的营业执照复印件；投标人为事业单位的，提供有效的事业单位法人证书复印件；投标人为社会团体的，提供有效的社会团体法人登记证书复印件；投标人为合伙企业、个体工商户的，提供有效的营业执照复印件；投标人为非企业专业服务机构的，提供有效的执业许可证等证明材料复印件；投标人为自然人的，提供有效的自然人身份证件复印件；其他投标人应按照有关法律、法规和规章规定，提供有效的相应具体证照复印件 2. 投标人提供的相应证明材料复印件均应符合：内容完整、清晰、整洁，并由投标人加盖其单位公章（投标人应按照招标文件第六章规定提供）
财务状况报告（财务报告、资信证明或投标担保函）	1. 投标人提供的财务报告复印件（成立年限按照投标截止时间推算）应符合下列规定：①成立年限满 1 年及以上的投标人，提供经审计的上一年度的年度财务报告。②成立年限满半年但不足 1 年的投标人，提供该半年度中任一季度的季度财务报告或该半年度的半年度财务报告（无法按照第①、②条规定提供财务报告复印件的投标人〔包括但不限于：成立年限满 1 年及以上的投标人、成立年限满半年但不足 1 年的投标人、成立年限不足半年的投标人〕，应选择提供资信证明复印件或投标担保函复印件 2. "财政部门认可的政府采购专业担保机构"应符合《财政部关于开展政府采购信用担保试点工作方案》（财库〔2011〕124 号）的规定 3. 投标人提供的相应证明材料复印件均应符合：内容完整、清晰、整洁，并由投标人加盖其单位公章（投标人应按照招标文件第六章规定提供）
依法缴纳税收证明材料	1. 投标人提供的税收凭据复印件应符合下列规定：①投标截止时间前（不含投标截止时间的当月）已依法缴纳税收的投标人，提供投标截止时间前六个月（不含投标截止时间的当月）中任一月份的税收凭据复印件。②投标截止时间的当月成立且已依法缴纳税收的投标人，提供投标截止时间当月的税收凭据复印件。③投标截止时间的当月成立但因税务机关原因导致其尚未依法缴纳税收的投标人，提供依法缴纳税收承诺书原件（格式自拟），该承诺书视同税收凭据 2. "依法缴纳税收证明材料"有欠缴记录的，视为未依法缴纳税收 3. 投标人提供的相应证明材料复印件均应符合：内容完整、清晰、整洁，并由投标人加盖其单位公章（投标人应按照招标文件第六章规定提供）
依法缴纳社会保障资金证明材料	1. 投标人提供的社会保险凭据复印件应符合下列规定：①投标截止时间前（不含投标截止时间的当月）已依法缴纳社会保障资金的投标人，提供投标截止时间前六个月（不含投标截止时间的当月）中任一月份的社会保险凭据复印件。②投标截止时间的当月成立且已依法缴纳社会保障资金的投标人，提供投标截止时间当月的社会保险凭据复印件。③投标截止时间的当月成立但因税务机关或社会保障资金管理机关原因导致其尚未依法缴纳社会保障资金的投标人，提供依法缴纳社会保障资金承诺书原件（格式自拟），该承诺书视同社会保险凭据 2. "依法缴纳社会保障资金证明材料"有欠缴记录的，视为未依法缴纳社会保障资金 3. 投标人提供的相应证明材料复印件均应符合：内容完整、清晰、整洁，并由投标人加盖其单位公章（投标人应按照招标文件第六章规定提供）

（续）

明细	描述
具备履行合同所必需设备和专业技术能力的声明函（若有）	1. 招标文件未要求投标人提供"具备履行合同所必需的设备和专业技术能力专项证明材料"的，投标人应提供本声明函 2. 招标文件要求投标人提供"具备履行合同所必需的设备和专业技术能力专项证明材料"的，投标人可不提供本声明函 3. 纸质投标文件正本中的本声明函（若有）应为原件（投标人应按照招标文件第六章规定提供）
参加采购活动前三年内在经营活动中没有重大违法记录书面声明	1. "重大违法记录"是指投标人因违法经营受到刑事处罚或责令停产停业、吊销许可证或执照、较大数额罚款等行政处罚 2. 无法提供有效期内检察机关行贿犯罪档案查询结果告知函的，也应对近三年无行贿犯罪记录进行声明 3. 纸质投标文件正本中的本声明应为原件（投标人应按照招标文件第六章规定提供）
信用记录查询结果	投标人应在招标文件要求的截止时点前分别通过"信用中国"网站、中国政府采购网查询并打印相应的信用记录，投标人提供的查询结果应为其通过上述网站获取的信用信息查询结果原始页面的打印件（或截图）（投标人应按照招标文件第六章规定提供）
中小企业声明函（专门面向中小企业或小型、微型企业适用，若有）	1. 投标人应认真对照《工业和信息化部、国家统计局、国家发展和改革委员会、财政部关于印发中小企业划型标准规定的通知》（工信部联企业〔2011〕300号）规定的划分标准，并按照《国家统计局关于印发统计上大中小微型企业划分办法的通知》（国统字〔2011〕75号）规定准确划分企业类型 2. 投标人为监狱企业的，可不填写本声明函，根据其提供的由省级以上监狱管理局、戒毒管理局（含新疆生产建设兵团）出具的属于监狱企业的证明文件进行认定，监狱企业视同小型、微型企业 3. 投标人为残疾人福利性单位的，可不填写本声明函，根据其提供的"残疾人福利性单位声明函"进行认定，残疾人福利性单位视同小型、微型企业 4. 纸质投标文件正本中的本声明函（若有）应为原件（投标人应按照招标文件第六章规定提供）
联合体协议（若有）	1. 招标文件接受联合体投标且投标人为联合体的，投标人应提供本协议；否则无须提供 2. 本协议由委托代理人签字或盖章的，应按照招标文件第七章载明的格式提供"单位负责人授权书" 3. 纸质投标文件正本中的本协议（若有）应为原件（投标人应按照招标文件第六章规定提供）
检察机关行贿犯罪档案查询结果告知函（若有）	1. 未提供行贿犯罪档案查询结果或查询结果表明投标人有行贿犯罪记录的，投标无效 2. 无法提供有效期内检察机关行贿犯罪档案查询结果告知函的，也应对近三年无行贿犯罪记录进行声明 3. 告知函应在有效期内且内容完整、清晰、整洁，否则投标无效 4. 有效期内的告知函复印件（含扫描件）及符合招标文件第七章规定的打印件（或截图），无论内容中是否注明"复印件无效"，均视同有效 5. 无法获取有效期内检察机关行贿犯罪档案查询结果告知函的，应在参加采购活动前三年内在经营活动中没有重大违法记录书面声明中对近三年无行贿犯罪记录进行声明（投标人应按照招标文件第六章规定提供）

其他资格证明文件：

明细	描述
信用记录查询结果	资格审查小组通过"信用中国"网站、中国政府采购网、信用中国（福建厦门）网站查询投标人的信用记录，经查询，投标人参加本项目采购活动（投标截止时间）前三年内被列入失信被执行人名单、重大税收违法案件当事人名单、政府采购严重违法失信行为记录名单及其他重大违法记录，且相关信用惩戒期限未满的，其资格审查不合格

（续）

明细	描述
关于"财务状况报告""依法缴纳税收证明材料"及"依法缴纳社会保障资金证明材料"的补充说明	1. 根据××文件的规定，因疫情影响享受缓缴或免缴社保资金、税款的企业，无法提供相关社保、税收缴纳证明材料的，提供有关情况说明视同社保、税收缴纳证明材料提交完整 2. 根据××文件的规定，预算金额 500 万元以下的政府采购项目基本资格条件采取"信用承诺制"，供应商提供资格承诺函的即可参加采购活动，在投标文件中无须提供财务状况报告、依法缴纳税收和社会保障资金的相关证明材料
风景园林工程设计专项资质	投标人应具备风景园林工程设计专项甲级或以上资质，并提供有效资质证书复印件
关于单位负责人授权书的特别提示	本招标文件第四章第一部分资格审查/单位负责人授权书（若有）要求"电子投标文件中的本授权书（若有）应为原件的扫描件"，即电子投标文件中的单位负责人授权书应为纸质授权书原件的扫描件，该单位负责人授权书应当要有单位负责人的手写签字或盖章以及投标人代表的手写签字并加盖投标人单位公章（本提示本身非资格条款内容，如果有不一致，请以原条款的内容为准）

在上述案例一般资格证明文件中规定了"投标人需要提交财务状况报告（财务报告、资信证明或投标担保函）、依法缴纳税收证明材料和依法缴纳社会保障资金证明材料"，但在"其他资格证明文件"中规定了"预算金额 500 万元以下的政府采购项目基本资格条件采取信用承诺制，供应商提供资格承诺函的即可参加采购活动，在投标文件中无须提供财务状况报告、依法缴纳税收和社会保障资金的相关证明材料"。这种不一致与政策变动有关——政府后期出台了简化投标人在较小金额招标投标中的手续。

在"一般资格证明文件"中没有规定对风景园林工程设计专项资质的要求，在"其他资格证明文件"则规定了该项要求，这就属于在原有的通用格式条款增加了特殊要求。

3.1.3　其他

招标文件的编写者粗心大意也可导致招标文件的前后不一致。例如，套用前一个类似项目的招标文件，没有对整个招标文件的相关条款都进行相应的调整。

案例 3-2：某景观工程的招标文件要求中标人进行 6 个月之外的延期养护，招标文件前面称养护期延长至 24 个月，后面称养护期延长 24 个月。根据评标的十大原则之六——做有利于投标人的评审：若招标文件表述不够明确，应做出对投标人有利的评审，但这种评审结论不应导致对招标人的具有明显的因果关系的损害（详见《政府采购、工程招标、投标与评标 1200 问》第 3 版）。因而，投标人将养护期写成 24 个月或 30 个月，均不能被废标。

3.2　缺漏

与其他"坑"相比，缺漏是最不容易发现的。投标人能自行发现的有以下三种情况。

3.2.1 评分项有空档

案例3-3：某招标文件对业绩评分的规定如下：

序号	满分	评分标准
2-5	3	单项业绩金额超过300万元的,得5分;单项业绩金额超过100万元、不足290万元的,得3分;单项业绩金额超过80万元、不足100万元的,得1分

在上述案例中，评分项有明显的空档——单项业绩金额为290万~300万元。也就是说，如果某个投标人的单项业绩金额为295万元，那么究竟是要给5分、4分，还是3分？

出现上述情形，理论上有两种可能性：要么是招标文件的编写人粗心大意，要么是刚好某个投标人的单项业绩的金额是两百九十余万元。

3.2.2 评分表疑似缺项

案例3-4：某招标文件规定：技术分权重65%，商务分权重25%，价格分权重10%，其中，通过资格和符合性审查的最低投标价为基准价，价格分为满分，即10分。经统计，商务项的评分合计为25分，权重刚好是25%，而技术项的评分合计是55分，权重到底是55%，还是65%？如果权重按照55%计算，那么与"技术分权重65%"不符合，如果权重按照65%计算，那么投标人的技术得分就要乘以65/55，技术分较低而商务分和价格分较高的投标人就要吃亏。

导致上述问题的原因很可能是技术评分项出现遗漏。有读者认为，如果招标文件的编写人把技术项的评分每一个都加一两分就会提升到65分，但实际上有的地方规定，技术与商务评分项每一项的最高分为3分，也就是说，上述技术评分项要增加10分是不可能的。也就是说，招标文件的编写者遗漏了技术评分项，或者权重设错了。

3.2.3 附件缺漏

附件主要是投标文件编制格式（通常有投标函、中小企业声明函等），有时还有招标文件中的任务（见案例2-36的附件）。

如果附件缺漏了招标文件中的部分任务，就会影响技术评分项的编写；如果附件缺漏了投标文件的部分编制格式，投标人又没有发现，自拟的投标文件格式应确保有效。

3.3 模棱两可

3.3.1 资格类模棱两可

案例3-5：某工程招标项目，要求拟派项目负责人为市政或建筑专业二级以上注册建造师、临时执业建造师或助理工程师。

由于上述要求没有使用标点符号，让不同的评委有不同的理解：

助理工程师必须是市政或建筑专业，因为助理工程师也受前面定语（市政或建筑专业）的限制。

助理工程师必须是市政或建筑专业，因为专业很重要，难道计算机专业的助理工程师也能做建筑工程？

助理工程师不需要是市政或建筑专业的，因为临时执业建造师、助理工程师不受前面定语（市政或建筑专业二级及以上）的限制。

助理工程师不需要是市政或建筑专业的，因为助理工程师的证书上基本不体现专业名称……

由于上述要求出现在新的招标文件版本中，不同的评委给出了不同的评判结论。有的评委将拟派项目负责人人选只提供了助理工程师证明，且该证明没有注明建筑或市政专业的投标人予以废标。

根据评标的十大原则之六（参见案例3-2），评委不能将拟派项目负责人人选只提供了助理工程师证明，且该证明没有注明建筑或市政专业的投标人予以废标。据了解，部分被废标的投标人经投诉后，项目流标，重新招标。

一般而言，投标人对招标文件中模棱两可的部分难以确认，且这种模棱两可会影响投标文件的编写，有三种处理方式：直接咨询招标代理机构，咨询专家，视己方情况而定。

3.3.2 评分类模棱两可

案例3-6：某食材采购，招标文件要求提供样品"鸡腿、鸡翅、鸡爪各一件（10斤以上）"。不同的人对"10斤以上"有不同的理解：

有的认为是每件10斤以上，否则样本太少，不具有典型性，难以判断产品的质量。

有的认为是总量10斤，因为招标文件要求的供货包装是每箱20斤，也就是说，采购人不需要投标人提供整箱样品，样品达到一定量就行了。

3.4 滞后公布

滞后公布的，一般都是审核价。这种情形多见于工程项目，招标文件只有招标代理的预算价。有时候，招标项目有多个标包，或招标内容有所调整，审核价也会较迟公布。如果审核价很迟时间公布，自然会减少一部分的投标人。

3.5 资格类过高要求

资格类过高要求包括以下几种：
1）招标项目无须设置资质，却对投标人设置了资质。
2）对投标人设置了高于招标项目的资质。
3）要求多项资质，又不允许投标人以联合体投标。
4）对投标人要求了与招标项目不同类的业绩。
5）对投标人要求了超过2项与招标项目同类的业绩。

6）对投标人的注册年限设置门槛。

7）对投标人的注册金额设置门槛。

8）要求投标人为本地机构。

其中，后三种情形比较容易发现，也容易被质疑和投诉。

案例 3-7：某项目招标，要求项目负责人为二级建造师，结果有很多投标人项目负责人的拟派人选为助理工程师。结果拟派人选为助理工程师的投标人的投标均被否决。被否决的投标人进行了投诉，他们说之所以将助理工程师作为项目负责人拟派人选，是因为电话咨询了招标代理机构，代理机构说可以。

评委在复审时，维持了原来的废标结论。此后又数次回复管理部门，不能以代理机构与投标人之间的口头约定作为评审依据。最终管理部门认为招标文件对项目负责人资格的设定要求过高，按照流标处理。

3.6 评分类过高要求

评分类过高要求包括将无关的资质或其他要求作为加分条件，将过多的业绩作为评分条件或业绩分的分值较高……这些要求不利于公平竞争——容易加剧老公司的垄断，使新公司成长受限。

案例 3-8：某招标项目规定，每一项业绩 0.25 分，满分 3 分，应提供 2019 年 1 月 1 日至投标截止日的类似项目业绩的证明［须包含：①中标（成交）公告，并提供相关网站中标或成交公告的下载网页及其网址。②中标（成交）通知书。③采购合同文本。④能够证明该业绩项目已经采购人验收合格的相关证明］。

按照上述招标文件规定，需要有 12 个类似的业绩及其证明才能获得业绩满分，在 3 年时间内，要求有那么多经过验收的业绩，就属于过高要求了。

3.7 投标时间过短

政府采购或其他依法强制的招标项目，发售招标文件至投标文件提交截止时间不得少于 20 日。需要踏勘且要提供踏勘报告的部分项目，尤其是金额上亿的项目，要编写好、检查好投标文件，时间就显得非常紧张，尤其对外地企业更是如此。

针对这些"坑"，就涉及质疑、投诉等，因为这直接影响此后是否要参加投标，以及如何编写投标文件。

第**4**章
如何质疑招标文件、投诉、行政复议或行政诉讼

4.1 质疑

4.1.1 质疑的范围、期限和形式

供应商认为采购文件（包括招标文件、谈判文件、磋商文件等）、采购过程、中标或者成交结果使自己的合法权益受到损害的，可以在知道或者应知其权益受到损害之日起 7 个工作日内，以书面形式提出质疑。

> 案例 4-1：投标人就某投标文件咨询专家，专家认为可以就该招标文件提出质疑。该投标人提出质疑后，招标代理机构的工作人员要求该投标人就其质疑提出相关的案例。该投标人再次咨询专家获悉相关的案例后，联系招标代理机构时，电话一直没人接。因次日即将开标，该投标人不得不再次电询专家，专家问其质疑材料是否已经交给了招标代理机构。该投标人回复说不知道要写成书面质疑材料，只好放弃了质疑。

所有的质疑材料都需要以书面方式递交，这对有经验的当事人（不管是业主、代理机构还是评审专家）都是常识性的知识，因为没有以书面方式递交质疑材料，那业主或代理机构要如何回复提出质疑的投标人呢？

上面的案例表明，如果是较大的招标投标项目，投标人最好当面咨询专家，专家也好详细了解相关的情况，否则在电话中通常只会问一句答一句。其实，问一句就能答一句，已经是很有经验的专家了。

4.1.2 质疑的对象

供应商应向采购人提出质疑，如果采购人已委托采购代理机构采购的，供应商应向采购代理机构质疑。代理机构应在采购人委托授权范围内向质疑的供应商做出答复。

4.1.3 质疑的内容

对招标文件质疑的内容包括招标文件条款前后不一致、模棱两可、缺漏、不合理（如资格要求、评分标准、投标时间）等，由此导致投标文件编写受阻或受到不公平待遇。

对评审结果的质疑包括评标专家未按照评标原则进行评标；投标文件有失实或造假的内容（评标专家通常不对投标文件的真假进行甄别）。

评标的十大原则如下：

1）公平、公正。公平、公正是在整个招标投标包括评标中的基本原则。公平意味着应给予投标人平等的机会、待遇，公正意味着评委应无私、不能带有任何感情色彩，不能无原则、无依据地偏向投标人中的任何一家。遵循公平、公正原则是相关法律、法规得以发挥作用的重要保障，因为法律、法规、规章不可能涵盖所有细节；再者，即使再完善的法律、法规、规章也必须通过人去实施。

2）依法评标。不同采购对象适用不同的法律、法规和规章，例如，政府采购的货物、服务适用《政府采购法》，而工程采购适用《招标投标法》。

3）严格按照招标文件评标。只要招标文件未违反现行的法律、法规和规章，没有前后矛盾的规定，就应严格按照招标文件及其附件、修改纪要、答疑纪要进行评审。一旦进入评标程序，任何人（包括招标人、评标专家、投标人）都不得改变招标文件的内容，即使所有投标人同意改变评标办法，也不得对评标方法进行实质性的变更。

4）合理、科学、择优。只有坚持合理、科学、择优的评审原则，才能确保公平、公正，使各方接受评审结果。

5）对未提供证明资料的评审原则。凡投标人未提供证明材料，若属于招标文件强制性要求的，评委均不予确认，应否决其投标；若属于评分要求的，则不计分，投标人不得进行补正。若投标人对评委所提出的其投标文件表述不清、前后矛盾或明显错误的内容不进行书面澄清，评委将做出不利于投标人的评审结论。

6）做有利于投标人的评审。若招标文件表述不够明确，应做出对投标人有利的评审，但这种评审结论不应导致对招标人的具有明显因果关系的损害。

7）反不正当竞争。评审中应严防串标、挂靠围标等不正当竞争行为。若无法当场确认，那么评审结束后可向监管部门报告。

8）记名表决。一旦评审出现分歧，则应采用少数服从多数的表决方式，表决时必须署名，但应保密，即不应让投标人知道谁投赞成票、谁投反对票。项目评审与生活中的选举、评优评先不同，前者是针对"事"，评委必须对评审结论署名以示负责，后者是针对"人"，是不署名的。如评委不署名，视为同意大多数评委的意见。

9）保密原则。评委必须对投标文件的内容、评审的讨论细节进行保密。此外，在评审结束前，应对标底、评委的人选名单进行保密。若确有需要向管理机构进行咨询，则不应提及投标人的名称。

10）有错必纠。若在评审结束之前纠错，那么直接由评委自行纠错；若在评审结束之后纠错，通常需要报告行政主管部门，有的需要由原评标委员会进行复核，有的需要组建新的评标委会会重新评审。

4.1.4 质疑函的内容

质疑函应包括以下内容：

1）供应商的姓名或者名称、地址、邮编、联系人及联系电话。

2）质疑项目的名称、编号。

3）具体、明确的质疑事项和与质疑事项相关的请求。

4）事实依据。

5）必要的法律依据。

6）提出质疑的日期。

供应商为自然人的，应由本人签字；供应商为法人或者其他组织的，应当由法定代表人、主要负责人或其授权代表签字或盖章，并加盖公章。

4.1.5 质疑的注意事项

1. 依据与诉求

要质疑，必须存在自身权益会受到损害的事项（如招标文件存在明显不合理，采购过程有重大瑕疵，中标结果明显有问题），且有证据；必须有明确的诉求。

2. 方式

封闭式质疑——事项 A_1、A_2、……，违反法律（法规、规章或招标文件）B_1、B_2、……，最后，诉求 C_1、C_2、……（例如，招标文件要修改，中标结果要修正），也就是说，质疑人自己要有明确的观点及其有利的证据，即要指出对方的错误，要把对方（被质疑的采购人、招标代理机构、中标人）引导到或锁死在质疑人设定的狭小的范围或单一的路径中，从而使对方无法做出有利于其的举证，而不能采取开放式质疑的方式，即不能让对方有选择性机会做出有利于其的举证。下面分别对是否应认定为中小企业的两个案例进行比较（案例 4-2，案例 4-3）。

> **案例 4-2：** 某投标人提供了中小企业认定表，被认定为小微企业，最终成为中标人。某质疑人提出了质疑，认为该中标人不应被认定为小微企业，因为该中标人不可能提交有效的中小企业认定表，理由是投标截止时间是 1 月 3 日上午 9 时，1 月 3 日是元旦休假结束后的第一个工作日，故该中标人根本来不及去职能部门盖章，而中小企业认定表上都标明了该表当年有效，也就是说，如果该中标人提供的是去年的中小企业认定表，那么该中小企业认定表就失效了。

在上述案例中，如果质疑人只质疑该中标人没有提交中小企业认定表（2021 年 1 月 1 日起已不要求投标人提交中小企业认定表），那么被质疑人就会依据该中标人提供的去年的中小企业认定表，回复质疑人该中标人已经提供了中小企业认定表；如果质疑人不满被质疑人的答复而投诉中小企业认定表失效，则有可能被投诉受理机构拒绝，理由是质疑时并未提出中小企业认定表失效的问题。如果质疑人针对中小企业认定表失效进行质疑，那么被质疑人可能会要求质疑人提交相应的证据。

实践中，由于评委（采购人代表和评审专家）的逻辑知识与专业知识参差不齐，如果遇到了新老政策的交接点，和（或）招标项目的跨年度时间点，很可能会给出不同的评审结果。因而，质疑者在质疑时，必须质疑得非常细，不能进行笼统的质疑，其诉求应一次性提出（见案例4-3）。因而，作为质疑者，应做最坏的打算，做最充分的行动准备。

4.2 投诉

4.2.1 投诉的范围、期限和形式

提出质疑的供应商对采购人、采购代理机构的答复不满意，或者采购人、采购代理机构未在规定时间内做出答复的，可以在答复期满后15个工作日内，以书面形式提出投诉。

4.2.2 投诉的对象

投诉人应向与采购人所属预算级次同级的财政部门提起投诉。若为工程项目，且按照《中华人民共和国招标投标法》（以下简称《招标投标法》）实施的，应当向建设部门提起投诉。

4.2.3 投诉的内容

对采购人或采购代理机构的质疑答复函的投诉，包括质疑函中的诉求被部分或全部驳回，或者部分或全部诉求未得到答复。

4.2.4 质疑答复函的内容

质疑答复函的内容有：

1）提出质疑的供应商的姓名或者名称。
2）收到质疑函的日期、质疑项目名称及编号。
3）质疑事项、质疑答复的具体内容、事实依据和法律依据。
4）告知质疑供应商依法投诉的权利。
5）质疑答复人名称。
6）答复质疑的日期。

4.2.5 投诉书的内容

投诉书的内容有：

1）投诉人和被投诉人的姓名或者名称、通信地址、邮编、联系人及联系电话。
2）质疑和质疑答复情况说明及相关证明材料。
3）具体、明确的投诉事项和与投诉事项相关的投诉请求。
4）事实依据。
5）法律依据。
6）提起投诉的日期。

投诉人为自然人的，应由本人签字；投诉人为法人或者其他组织的，应由法定代表人、主要负责人或其授权代表签字或盖章，并加盖公章。

4.2.6 投诉的注意事项

1. 投诉的前置条件

投诉的前置条件是要先质疑，没有质疑，投诉就不会被受理；并且，投诉的范围不得超出质疑的内容（见本章案例4-3），但基于质疑答复内容提出的投诉事项除外。

2. 投诉的方式

与质疑类似，要采用封闭式投诉的方式。封闭式投诉——事项 A_1、A_2、……，违反法律（法规、规章或招标文件）B_1、B_2、……，最终，诉求 C_1、C_2、……（例如，招标文件要修改，中标结果要修正），也就是说，投诉人自己要有明确的观点及证据，要指出对方错在哪里，因为……自己对在哪里，因为……要让受理投诉的机构站在正确的一方，即站在自己这一方，而不能采用开放式投诉，不能让受理投诉的机构跟着对方的节拍走（见案例4-3）。

3. 投诉人的义务

投标人（供应商）具有投诉的权利，同时也有相应的义务——应当向投诉受理机关提交合法取得的真实证据。

4. 投诉人的风险

投诉人在全国范围12个月内3次以上投诉查无实据的，由财政部门列入不良行为记录名单。

上述规定中的"12个月"意味着期限不是以一个自然年为计算标准的，而是以一个周期年为计算标准。上述规定3次以上，是包含3次的。

例如，2020年12月投诉2次，均为查无实据的，如果在2021年11月，再次投诉仍为查无实据的，就可能被列入不良行为记录名单。

5. 投诉人的法律责任

投诉人有下列行为之一的，属于虚假、恶意投诉，由财政部门列入不良行为记录名单，禁止其1~3年内参加政府采购活动：

1）捏造事实。

2）提供虚假材料。

3）以非法手段取得证明材料。证据来源的合法性存在明显疑问，投诉人无法证明其取得方式合法的，视为以非法手段取得证明材料。

因而，投诉人最好在投诉前权衡利弊，没有把握的最好咨询一下具有丰富实践经验的专家，否则很可能会越来越被动（见本章案例4-3）。

4.3 行政复议

4.3.1 行政复议的范围、期限和形式

在政府采购中，申请行政复议的，基本上是对中标结果有异议，认为己方的合法利益受到损害，而且是投诉未被受理、受理后超出法定期限后仍无回复或被驳回后，才提起行政复议。

投诉人认为财政部门等的具体行政行为侵犯其合法权益而申请行政复议的，应自知道该具体行政行为（投诉未被受理、受理后超出法定期限仍无回复或被驳回）之日起60日内提出申请。

虽然《中华人民共和国行政复议法》（以下简称《行政复议法》）及《中华人民共和国

行政复议法实施条例》（以下简称《行政复议法实施条例》）规定行政复议可以书面申请，也可以口头申请，但由于政府采购是非常专业性的，申请人一定要做好充分的准备，最好采用书面方式申请。

4.3.2　行政复议的对象

早期《行政复议法》规定，对县级以上地方各级人民政府工作部门（如县财政局或建设局）的具体行政行为不服的，申请人可以选择向该部门的本级人民政府申请行政复议，也可以选择向上一级主管部门（如市财政局或建设局）申请行政复议$^{\ominus}$。

但在实践中，以向上一级主管部门申请行政复议为佳（案例4-3是一个反面例子，投标人A坚持行政复议，且向本级人民政府申请了行政复议，不仅浪费了时间，也错失了机会），因为政府采购是非常专业的，上一级主管部门的专业性会更强，接触的案例也会更多，如果有困难，他们会向更上一级的主管部门咨询，如果是副省级城市的财政部门，可以向财政部直接咨询。而向本级人民政府工作部门申请行政复议，有可能出现本位主义。

案例4-3：某投标人A质疑中标人B不应认定属于中型企业。被质疑人C（采购人）和被质疑人D（招标代理机构）因此向中标人B和中标人B所在地的监管部门E发出了问询函和协查函，中标人B坚称自身为中型企业，而中标人B所在地的监管部门E也回复称中标人B为中型建筑企业。被质疑人C和D据此回复，中标人B为中型建筑企业，驳回了质疑人的质疑。

质疑人随后投诉，被质疑人C和D以及函请的相关监管部门E未从专业角度正面且明确答复要核实的问题，即中标人B是否属于其他未列明行业中的中型企业，中标人B的企业规模不应认定属于其他未列明行业的中型企业，其提供的《中小企业声明函》内容系虚假声明，有牟取中小企业优惠政策之嫌……故提出三项诉求：

1）要求被质疑人C和D以及函请的相关监管部门E对该回复给出合理的解释，并正面回答中标人B的企业规模是否属于其他未列明行业中的中型企业。

2）请求依法暂停采购活动，遵循《政府采购法》第五十七条、《政府采购质疑和投诉办法》（本书以下简称为《质疑和投诉办法》）第二十八条和第三十二条的规定。

3）请求取消中标人B的中标、成交资格，按照法律法规处理提供虚假材料谋取中标、成交的中标人B。

当地财政部门F受理后，经调查，做出"政府采购投诉处理决定书"。

该决定书称就投诉事项1已查明，被投诉人C和D对质疑人A的质疑进行了初步的回复，告知已专门函请相关监管部门依据现行法规政策制度规定协助认定中标人B是否属于其他未列明行业中的中型企业，请耐心静候进一步通知。后经函询中标人B注册所在地中小企业主管部门工信局E，工信局E回复结合中标人B的上一年度审计报告中的营业收入、从业人员指标情况，中标人B属于中型建筑企业。故认为，工信局E在复函中虽未对中标人B是否属于其他未列明行业中的中型企业进行回答，但已明确中标人B属于中型建筑企业，因一个企业不可能同属两种企业类型，工信局E也就明确了中标人B不

$^{\ominus}$ 根据新修订的《行政复议法》，自2024年1月1日起，对垂直领导的政府工作部门（司法行政部门除外）作出的行政行为不服的，由本级人民政府管辖。——编者注

属于其他未列明行业中的中型企业。被投诉人 C 和 D 对质疑的回复是符合相关法律法规规定的。因此，投诉事项 1 缺乏事实依据，投诉不成立。

该决定书称就投诉事项 2 已查明，投诉事项 2 在质疑过程中未提出，超出质疑范围，依据《中华人民共和国政府采购法实施条例》（本书以下简称为《政府采购法实施条例》）第五十五条"供应商质疑、投诉应当有明确的请求和必要的证明材料。供应商投诉的事项不得超出已质疑事项的范围"和《质疑和投诉办法》第十九条"投诉人应当根据本办法第七条第二款规定的信息内容，并按照其规定的方式提起投诉。投诉人提起投诉应当符合下列条件：（一）提起投诉前已依法进行质疑"的规定，投诉事项 2 不符合上述规定的条件，投诉不成立。

该决定书称，受理该投诉案件后，根据《政府采购法》第五十七条和《质疑和投诉办法》第二十八条的有关规定，分别向被投诉人 C 和 D、中标人 B 发出《关于暂停签订政府采购合同的通知》，告知该项目采购活动暂停。

该决定书称就投诉事项 3 已查明，招标文件规定"中小企业参加政府采购活动，应当出具《政府采购促进中小企业发展管理办法》规定的《中小企业声明函》，否则不予享受相关中小企业扶持政策。供应商按照本办法规定提供声明函内容不实的，属于提供虚假材料谋取成交，依照《政府采购法》等国家有关规定追究相应责任。招标文件还规定："采购标的对应的中小企业划分标准所属行业为：其他未列明行业。"经查，中标人自述在投标文件中出具的《中小企业声明函》载明其属于中型企业，是该公司依据《工业和信息化部、国家统计局、国家发展和改革委员会、财政部关于印发中小企业划型标准规定的通知》（工信部联企业〔2011〕300 号）规定的划分标准，并按照《国家统计局关于印发统计上大中小微型企业划分办法的通知》（国统字〔2011〕75 号）规定按其公司所属行业即建筑业作为划型标准填写为中型企业，与工信局 E 出具的复函内容一致，故中标人 B 出具的《中小企业声明函》内容无不实之处。结合招标文件的规定，只有财政部、工业和信息化部《关于印发〈政府采购促进中小企业发展管理办法〉的通知》（财库〔2020〕46 号）规定的小微企业可以享受价格扣除相关扶持政策，中标人 B 出具的其属于中型企业的《中小企业声明函》无法享受价格扣除相关扶持政策，对评标结果没有影响。因此，我局认为中标人 B 所出具的《中小企业声明函》不属于提供虚假材料谋求中标、成交的行为。投诉人该投诉事项不成立。

该决定书称经查，中标人 B 按照招标文件设定的模板在资格审查的材料中也提供了《中小企业声明函》，载明其属于中型企业，因本项目为非专门面向中小企业的项目，该声明函属于无须提供而提供，不影响其投标资格。且被投诉人 C 和 D 组成的资格审查小组对其资格审查通过，投标资格有效。

该决定书称，根据《质疑和投诉办法》第二十九条第二款规定，认定投诉事项缺乏事实依据，投诉事项不成立，驳回投诉……

随后，质疑人（投诉人）A 向当地区政府申请行政复议，行政复议失利。

上述案例表明：质疑人（投诉人）A 在质疑、投诉和行政复议时有很多看似不经意却成"千古恨"的瑕疵。

（1）质疑时的瑕疵

1）战略有问题。质疑人（投诉人）A在质疑时，采用了开放式质疑的方式，即他提出："中标人不应认定属于中型企业"。而不是采用封闭式质疑的方式——将对方锁死在质疑人自己设定的范围内："中标人不属于招标文件所规定的'未列明行业的中型企业'"。

质疑人（投诉人）A的开放式质疑，就很容易让对方（被质疑的采购人C、招标代理机构D或中标人B）抓住空档，只要直接或间接地证明中标人B是中型企业即可。

2）证据有问题。《政府采购促进中小企业发展管理办法》第十二条规定"采购项目涉及中小企业采购的，采购文件应当明确以下内容"，其中第六项"明确采购标的对应的中小企业划分标准所属行业"，该项的表述有点绕口，也不甚清晰，但《〈政府采购促进中小企业发展管理办法〉解读》有一句讲得非常清楚："供应商根据采购文件中明确的行业所对应的划分标准，判断是否属于中小企业"。

质疑人（投诉人）A在质疑时，没有举证《〈政府采购促进中小企业发展管理办法〉解读》，这样就可以让对方自圆其说或回避是否属于未列明行业的中型企业这一问题。

3）诉求有问题。质疑人（投诉人）A在质疑时，没有要求暂停该项政府采购活动。也就是说，如果质疑被驳回，再进行投诉时，质疑人（投诉人）A就无权要求暂停该项政府采购活动。

也许有读者会问，受理投诉的机构后面不也暂停了该项政府采购活动？

其实这是两码事。如果暂停该项政府采购活动是质疑人（投诉人）A在质疑时提出的，就说明质疑人（投诉人）A比较专业。

事实上，该项目标的额数亿元，质疑人应第一时间就想到要暂停该项政府采购活动，否则有可能"生米煮成熟饭"，因为被质疑的中标人肯定会全力确保"胜利果实"。

此外，从结果而言，质疑人（投诉人）应确保质疑、投诉事项，尽量少被驳回，尽量多被认可，这样会比较专业，也容易争取职能部门的支持。

4）决策目标有问题。质疑人（投诉人）A在质疑时的决策目标有问题，没有要求暂停该项政府采购活动，却要求中标人承担相关的法律责任。

投标人属不属于政府采购活动中的中小微企业，是一个比较专业的问题，因为它不是根据该投标人的主营业务来确定该投标人的所属行业，而是根据政府采购项目所属行业来确定参与该项目的所有投标人的所属行业。这与众人的"常识"相悖，很多企业负责人也不清楚这一点。也就是说，中标人B称自己是中型企业，有可能是按照"常识"来填写的，也有可能是想"打擦边球"。

在上述情形下，即使质疑人（投诉人）A的质疑（投诉）成功了，中标人B大概率也不会承担相关的法律责任。况且多一事不如少一事，要处罚就意味着证据的搜集、核实。

从中标人角度，针对可能被处罚，一定会全力防范和反击的（包括动用一些社会关系）。

实际上，上述问题涉及质疑人（投诉人）A如何制定质疑（投诉）目标，目标如何制定将在本书后面内容进行介绍。

（2）投诉时的瑕疵

1）战略有问题。质疑人（投诉人）A在投诉时，采用了开放式投诉的方式，而不是采用封闭式投诉的方式。

质疑人（投诉人）A提出：被质疑人C和D以及函请的相关监管部门E未从专业角度正面且明确答复要核实的问题……这种提法就属于开放式投诉，因为"未从专业角度"未讲明要从哪一个专业的角度，这样就导致不同的人、不同的机构可以选择自己熟悉甚至有利于自己的专业、领域的角度进行解读。

若采用封闭式投诉的方式，就会依序指出（确保投诉受理机构有一个"先入为主"的印象）：

① 质疑答复书的结论是错误的，中标人不是"未列明行业的中型（或小微）企业"，理由是，该中标企业的社保缴交人数超过千人，远超《中小企业划型标准规定》所规定的"（十六）其他未列明行业。从业人员300人以下的为中小微型企业。其中，从业人员100人及以上的为中型企业；从业人员10人及以上的为小型企业；从业人员10人以下的为微型企业"的未列明行业的中型企业的从业人数300人的上限。

② 监管部门的答复与中标人在《中小企业声明函》中的填报相悖，前者称中标人是建筑行业的中型企业，后者称是未列明行业的中型企业；而招标文件要求按照招标标的物所属行业来确定是否属于中型或小微企业。

③ 被质疑人称专门函请相关监管部门依据现行法规政策协助认定中标人是否属于未列明行业的中型企业，但被质疑人并未向监管部门提供政府采购的相关法规规章和政策，导致监管部门按照主营业务认定中标人是建筑行业的中型企业，没有按照政府采购的法规规章和政策将其判断为大型企业——这样的提法还能让监管部门的担责最小化。

2）证据有问题。仍没有举证《〈政府采购促进中小企业发展管理办法〉解读》，该解读的价值见前文第（1）条第2）项。

3）战术有问题——没有找到切入点。

① 顺"势"而为。质疑人（投诉人）A提出请求依法暂停采购活动，由于质疑人（投诉人）A在质疑阶段没有提出此要求，所以在没有充分理由下提出此要求，是非常不专业的。因而被投诉受理部门驳回也就是意料之中。或许，质疑人（投诉人）A在质疑被驳回后才发现问题的严重性。

如果质疑人（投诉人）A一定要提出请求依法暂停采购活动，那么应当基于质疑人（投诉人）A认为质疑答复书的认定结论完全错误来提出，《质疑和投诉办法》第二十条的后一句明确规定"但基于质疑答复内容提出的投诉事项除外"。

② 借力打力。在收到质疑答复书，获悉对方函询监管部门后，尽管对方不大可能告诉质疑人（投诉人）A是哪一家监管部门，但说明被质疑人C和D也不确定中标人到底属不属于中型企业，而评标委员会所评审的价格分，与是否属于中小微企业有关。因而，质疑人（投诉人）A在投诉时，就要提出让评标委员会复评该企业是否属于招标文件所确定的行业的中小微企业。

理论上有以下两类可能性：

a. 同意。如果受理部门同意评标委员会复评，由于评委7人中评审专家占了6人，评审结果有可能会有所分歧，但据笔者经验，最后还是会形成一个统一的合理的评审结果，因为毕竟评委都要签字负责，不签字就意味着同意大多数人的评审意见。6位评审专家中不可能都不知道中标人是否属于招标文件所确定的行业的中小微企业。

这是一种代价最低、效率最高的方式，也是合法、合理、合情的一种方式。

b. 拒绝。投诉受理部门不同意评标委员会复评，如果是这样也没关系，这会为以后的行政复议或行政诉讼增加获胜的砝码。

（3）行政复议的瑕疵

1）浪费时间。从发布中标公告到投诉受理部门做出投诉处理决定书，历经三个多月，如果再申请行政复议，行政复议又失利，那么恐怕是"生米煮成熟饭"了，而质疑人（投诉人）A也未必有时间和信心再去行政诉讼。因而，行政诉讼应当是首选。

2）关系可能搞僵。如果直接行政诉讼，那么被告就只是投诉受理部门，如果行政复议之后再行政诉讼，那么，做出行政复议的机构将成为共同被告。原来良好的关系可能变僵。

当然，行政诉讼涉及支付诉讼费用和律师费用，而行政复议不涉及诉讼费用，对于标的额数亿元的项目，尤其是当地最大的非工程类的政府采购项目，其指征性很强，故诉讼费用和律师费用（或咨询费用）应不是考虑重点。

3）选错行政复议对象。本案中质疑人（投诉人）A仍执意行政复议，且没有选择市财政局作为申请行政复议的对象。实际上，在申请行政复议时，上一级主管部门比同级人民政府更加中立和专业。

事实上，上述政府采购投诉处理决定书称，中标人自述与工信局E出具的复函内容一致，表示投诉受理部门认同被质疑人C（采购人）和被质疑人D（招标代理机构）所咨询的工信局E负责对企业大中小微型的划分，与《统计上大中小微型企业划分办法（2017年）》规定"企业划分由政府综合统计部门根据统计年报每年确定一次"相悖。

而中标人自述按照《国家统计局关于印发统计上大中小微型企业划分办法的通知》（国统字〔2011〕75号）规定按其公司所属行业即建筑业作为划型标准填写为中型企业，实际上，该文件已经废止。

4.3.3　行政复议的内容

投诉书中的部分或全部诉求被受理投诉的行政部门（如财政局或建设局）驳回，未被受理，或受理后超过法定期限没有得到回复。

4.3.4　行政复议申请书的内容

行政复议申请书的内容如下：

① 申请人的基本情况，包括公民的姓名、性别、年龄、身份证号码、工作单位、住所、邮政编码；法人或者其他组织的名称、住所、邮政编码和法定代表人或者主要负责人的姓名、职务。

② 被申请人的名称。

③ 行政复议请求、申请行政复议的主要事实和理由。

④ 申请人的签名或者盖章。

⑤ 申请行政复议的日期。

4.3.5　申请行政复议的注意事项

1. 程序

1）申请行政复议，行政复议机关已经依法受理的，行政复议的申请人在法定行政复议期限内不得向人民法院提起行政诉讼。

2）向人民法院提起行政诉讼，人民法院已经依法受理的，则不得申请行政复议。

3）在政府采购中，行政复议并非是行政诉讼的前置条件，投诉人也可以直接行政诉讼。

2. 被申请人

被申请人是做出具体行政行为的行政机关（如财政局、建设局），而不是代理机构或采购人。也就是说，只有经过了投诉，才可能行政复议，只经过了质疑，是无法行政复议的。

3. 证据

申请行政复议时，应提交具有真实性、合法性、关联性的证据。

在行政复议过程中，被申请人不得自行向申请人和其他有关组织或者个人收集证据。也就是说，在行政复议过程中，若被申请人主动向申请人收集证据，申请人可以拒绝被申请人的要求。

4.4 行政诉讼

4.4.1 行政诉讼的范围、期限和形式

与行政复议类似的是，在政府采购中，走到行政诉讼这一步，基本上是对中标结果有异议，认为己方的合法利益受到损害，而且是投诉未被受理、受理后超出法定期限后仍无回复或被驳回后，才提起行政诉讼。

> 案例 4-4：某药业公司（以下称甲公司）的某药品以每片 0.5 元的低价失标，而国外某企业的同种药片以每片 1.61 元的价格中标。随后，甲公司向当地卫生主管部门投诉，认为招标机构制定的招标标准不合法，要求认定此次招标结果无效，并要求重新组织招标。当地卫生主管部门答复说没有充分理由判定本次招标结果无效。甲公司又向上级卫生主管部门提起行政复议，后者答复说甲公司应向当地检察机关和纠风机构反映情况。最终，甲公司把上级卫生主管部门告上了法庭，认为其在药品招标监督工作中失职。最终法院做出判决：责令被告依法履行复议职责。

在上述案例中，即使被申请人做出的行政决定无瑕疵，上级卫生主管部门仍应依法受理行政复议申请人的行政复议申请。因而，法院的判决结果当属预料之中。

公民、法人或者其他组织直接向人民法院提起诉讼的，应当自知道或者应当知道做出行政行为之日起六个月内提出，法律另有规定的除外。因不动产提起诉讼的案件自行政行为做出之日起超过二十年，其他案件自行政行为做出之日起超过五年提起诉讼的，人民法院不予受理。

通常，投诉处理决定书会告知投诉者，如不服本决定，可以在收到本决定书之日起六个月内向××市（州）××区（县）人民法院提起行政诉讼，也可以在收到本决定书之日起六十日内向××市（州）××区（县）申请行政复议。

《中华人民共和国行政诉讼法》（以下简称《行政诉讼法》）规定"书写起诉状确有困

难的，可以口头起诉，由人民法院记入笔录，出具注明日期的书面凭证，并告知对方当事人"。但政府采购是非常具有专业性的行为，投诉人还是应以书面方式提起行政诉讼。

4.4.2　行政诉讼的对象

基层人民法院管辖第一审行政案件。行政案件由最初做出行政行为的行政机关所在地人民法院管辖。经复议的案件，也可以由复议机关所在地人民法院管辖。

上级人民法院有权审理下级人民法院管辖的第一审行政案件。中级人民法院管辖下列第一审行政案件：

1）对国务院部门或者县级以上地方人民政府所做的行政行为提起诉讼的案件。

2）海关处理的案件。

3）本辖区内重大、复杂的案件。

4）其他法律规定由中级人民法院管辖的案件。

最高人民法院、高级人民法院分别管辖全国范围内、本辖区内重大、复杂的第一审行政案件。

经最高人民法院批准，高级人民法院可以根据审判工作的实际情况，确定若干人民法院跨行政区域管辖行政案件。在案例4-3中，若直接提起行政诉讼，就是由跨区的基层人民法院审理。

4.4.3　行政诉讼的内容

投诉书中的部分或全部诉求被受理投诉的行政部门（如财政局或建设局）驳回，未被受理，或受理后超过法定期限没有得到回复。

4.4.4　行政诉讼当事人

1. 被告

做出行政行为的行政机关（如财政局、建设局）是被告。

经行政复议的案件，复议机关决定维持原行政行为的，做出原行政行为的行政机关和复议机关是共同被告；复议机关改变原行政行为的，复议机关是被告。

复议机关在法定期限内未做出复议决定，公民、法人或者其他组织起诉原行政行为的，做出原行政行为的行政机关是被告；起诉复议机关不作为的，复议机关是被告。

两个以上行政机关做出同一行政行为的，共同做出行政行为的行政机关是共同被告。

行政机关委托的组织所做的行政行为，委托的行政机关是被告。

行政机关被撤销或者职权变更的，继续行使其职权的行政机关是被告。

2. 诉讼代理人

当事人、法定代理人，可以委托一至二人作为诉讼代理人。下列人员可以被委托为诉讼代理人：

1）律师、基层法律服务工作者。

2）当事人的近亲属或者工作人员。

3）当事人所在社区、单位以及有关社会团体推荐的公民。

涉及政府采购的行政诉讼中，原告的诉讼代理人一般是当事人的工作人员（包括短期聘用的专门处理诉讼业务的专家）和（或）律师。

4.4.5 证据

1. 证据的种类

行政诉讼中的证据包括以下内容：

1）书证。

2）物证。

3）视听资料。

4）电子数据。

5）证人证言。

6）当事人的陈述。

7）鉴定意见。

8）勘验笔录、现场笔录。

2. 证据的"三性"

有不少读者问笔者，私下录音能否作为证据使用。实际上，上述问题就涉及证据的"三性"，即关联性、合法性、真实性。所有的诉讼，无论是民事诉讼、刑事诉讼，还是行政诉讼，都是围绕证据的"三性"展开的。证据应在法庭上出示，并经双方庭审互相质证。未经庭审质证的证据，不能作为定案的依据。

（1）关联性　关联性是指证据材料与案件事实之间的证明关系，法官会排除不具有关联性的证据材料。只有具备关联性，才会对其合法性与真实性做进一步审查。也就是说，原告在提交证据时，应确保所提交的证据与案件事实之间的证明关系。

（2）合法性　合法性涉及以下三个方面：

1）证据是否符合法定形式。

2）证据的取得是否符合法律、法规、司法解释和规章的要求。

3）是否有影响证据效力的其他违法情形。

例如，投诉人跑到采购人、招标代理机构或监管部门的办公室去偷拍、偷录，肯定侵害对方的合法利益（包括对方的商业秘密），根据《最高人民法院关于行政诉讼证据若干问题的规定》（法释〔2002〕21号）（以下简称为《行政诉讼证据》）第五十七条的规定，不能作为定案依据。

因而，笔者对上述问题的回复是，如果在对方场所录音，不仅不能作为定案依据，而且依据《质疑和投诉办法》第三十七条后款"投诉人有下列行为之一的，属于虚假、恶意投诉，由财政部门列入不良行为记录名单，禁止其1~3年内参加政府采购活动：……（三）以非法手段取得证明材料。证据来源的合法性存在明显疑问，投诉人无法证明其取得方式合法的，视为以非法手段取得证明材料"，有可能被财政部门列入不良行为记录名单。

那么，如果是在自己的办公室偷录、偷拍，或者说自己的办公室的监控视频，能否作为证据呢？这就涉及继关联性、合法性之后的真实性问题。

（3）真实性　真实性涉及以下五个方面：

1）证据形成的原因。

2）发现证据时的客观环境。

3）证据是否为原件、原物，复制件、复制品与原件、原物是否相符。

4）提供证据的人或者证人与当事人是否具有利害关系。

5）影响证据真实性的其他因素。

再回到上面的问题，如果是用手机偷录，并复制到 U 盘，那么，U 盘上的录制材料就属于复制件，手机上的录制材料就属于原件。U 盘上的复制件是否与手机上的原件一致？是否经过了剪辑？

如果是向法院提供录音、录像证据，应提供其原始载体。若提供原始载体确有困难的，可以提供复制件。此外，提供录音、录像证据时，应注明制作方法、制作时间、制作人和证明对象等，并且录音、录像的声音部分应当附有该声音内容的文字记录。

（4）证明效力　不同的证据之间可能会有冲突，通俗地讲，就是到底应该相信谁呢？这就涉及证据证明效力的优劣。

证明同一事实的数个证据，其证明效力一般可以按照下列情形分别认定：

1）国家机关以及其他职能部门依职权制作的公文文书优于其他书证。

2）鉴定结论、现场笔录、勘验笔录、档案材料以及经过公证或者登记的书证优于其他书证、视听资料和证人证言。

3）原件、原物优于复制件、复制品。

4）法定鉴定部门的鉴定结论优于其他鉴定部门的鉴定结论。

5）法庭主持勘验所制作的勘验笔录优于其他部门主持勘验所制作的勘验笔录。

6）原始证据优于传来证据。

7）其他证人证言优于与当事人有亲属关系或者其他密切关系的证人提供的对该当事人有利的证言。

8）出庭作证的证人证言优于未出庭作证的证人证言。

9）数个种类不同、内容一致的证据优于一个孤立的证据。

此外，下列事实法庭可以直接认定，但对后四项当事人若有相反证据足以推翻的除外：

1）自然规律及定理。

2）众所周知的事实。

3）按照法律规定推定的事实。

4）已经依法证明的事实。

5）根据日常生活经验法则推定的事实（见案例 4-5）。

3. 举证与质证的注意事项

（1）原告的义务　在政府采购的行政诉讼中，原告应在开庭审理前或者人民法院指定的交换证据之日提供证据。因正当事由申请延期提供证据的，经人民法院准许，可以在法庭调查中提供。逾期提供证据的，视为放弃举证权利。原告在第一审程序中无正当事由未提供而在第二审程序中提供的证据，人民法院不予接纳。

（2）原告的权益　原告作为相对弱势的当事人，故行政诉讼对其采取了一些保护性的措施：原告提供的证据不成立的，不免除被告对被诉具体行政行为合法性的举证责任。下列证据不能作为认定被诉具体行政行为合法的依据：

1）迟滞的证据。被告及其诉讼代理人在做出具体行政行为后或者在诉讼程序中自行收集的证据。

2）滥用的证据。被告在行政程序中非法剥夺公民、法人或者其他组织依法享有的陈述、申辩或者听证权利所采用的证据。

　　3）未用的证据。原告或者第三人在诉讼程序中提供的、被告在行政程序中未作为具体行政行为依据的证据。

　　以案例 4-3 为例，如果质疑人（投诉人）A（原告）直接提起行政诉讼，那么财政部门 F（被告）将不得自行增加中标人 B 作为建筑行业或未列明行业的中型企业的新证据。原告可以要求法院通知工信局 E 要求其作为第三人参加诉讼。显然，工信局 E 无法证明中标人 B 是未列明行业的中型企业。原告方只要提交证明——政府采购中的中小企业是以招标文件确定的采购标的所属行业来确定是否为中小企业，那么原告的赢面就比较大。

　　（3）双方的义务　双方的证据应在法庭上出示，但对涉及国家秘密、商业秘密和个人隐私的证据，不得在公开开庭时出示。以下举一个不涉及秘密或隐私的行政诉讼案例——笔者如何进行诉讼规划，包括诉前准备，如何在举证和质证环节找到突破口，以及如何调动被告方的情绪。

　　案例 4-5： 原告（小区业委会）未向管理部门申请，对其小区树木过度修剪、砍伐，被管理部门处罚，砍树的处罚标准是赔一罚二。原告承认未向管理部门报告就进行过度修剪并砍树，但坚称砍伐的两株树木均已死亡，而管理部门认为砍伐的两株树木均正常生长。原告缴交罚款后，申请行政复议，但被驳回，故提起行政诉讼。

　　原告辗转多地，在朋友介绍下找到笔者为其出具一份鉴定报告。由于对方只有一张一年前砍树前的现场照片作为鉴定依据，笔者便提出以目前的专业水准和本人的职业操守来出具独立的鉴定意见，原告同意笔者的要求。笔者出具了鉴定意见（包括树种的名称，两株树木一株死亡一株濒死）。

　　两个月后的某周五晚上，笔者接了原告的电话，原告希望笔者下周一上午出庭进行法庭辩论。此前，笔者曾提出不出庭，只出具鉴定意见，因为在法庭上大概率会遇到朋友或同行，而这种诉讼完全是针尖对麦芒的零和博弈，没有退让的空间。原告承认当时与笔者的约定，但极力劝说笔者，希望笔者出庭，因为他们没有请别的专家和律师。

　　《行政诉讼证据》第六十三条规定"出庭作证的证人证言优于未出庭作证的证人证言"，而原告不具备诉讼争议内容的相关专业知识和法律知识，又没有请其他的专家和律师，所以若笔者不出庭，原告必然败诉。笔者最终同意出庭，但提出了几点要求，包括原告必须在周六、周日来开车接笔者去搜集证据，必须将被告四方的答辩状、原告的起诉书和被告方所请的专家的鉴定意见给我……

　　对原告而言，由于行政复议被驳回，所以对打赢官司基本不抱什么希望了。

　　对笔者而言，要打赢这场诉讼，是一个极大的挑战，原因如下：

　　1）时间非常仓促，从第一天晚上同意出庭到第四天上午开庭，笔者准备的时间就只有两个白天和两个晚上。

　　2）没有所砍伐的树木是被红棕象甲蛀蚀而死的直接证据，因为笔者是根据照片来判断的，是在一年之后才去现场的，被砍树木早就被清运走了，而红棕象甲虫体也找不到踪迹了——这是原告方最大的"软肋"，换而言之，这也正是被告认为他们一定会赢得诉讼的缘故。

　　3）被告见到笔者的鉴定意见已经有一个多月，有充足的准备时间，而笔者只在开庭前三天才见到了被告专家的鉴定意见。

4）笔者的鉴定意见——一株濒死、一株死亡，不同于原告认为两株树木均已死亡的观点，对原告的诉求影响很大。

笔者制定的诉讼决策目标与实施方案如下：

1）时间指征。

① 周六、周日两个白天搜集证据，两个晚上看四个被告的答辩状、被告的专家鉴定意见、原告的起诉书。

② 周一出庭举证、质证。

2）空间指征。

① 法庭。

② 树木砍伐地点。

③ 红棕象甲致树木死亡的现场，导致树木濒死难以救治的现场。

3）对象指征。

① 法官

② 原告。

③ 被告方（包括其诉讼代理人、律师、被告方的专家）。

4）效益指征。

① 证明原告所砍伐的树木一株濒死、一株死亡。

② 证明原告无力救活濒死树木。

以2）③作为4）①、②的支撑。

针对3）①，从两方面争取法官的信任——将专业知识转换为生活常识；与被告取得不会不利于原告的部分共识。

针对3）②，鉴于原告违规在先，且不具备相关的专业知识和法律知识，所以让其在法庭上尽量不要发言。

针对3）③，现场质证被告的证据的关联性、合法性、真实性，从而争取有利于原告的判决。

此类行政诉讼案件，执法部门提供的证据一般是合法取得的，但有可能出现例外，即执法之后或行政诉讼之后自行补充的证据。不少专家缺乏法律素养，在签署鉴定意见时，可能存在形式和（或）内容上的瑕疵，例如，专家是在签字之后才到达现场，甚至根本没有到过现场。找到对方的重大瑕疵和漏洞，从而掌控举证、质证的法庭辩论节奏，调动被告方的情绪，让对方按照笔者设定的辩论方向去走，使得对方的律师难以发挥作用，而对方的专家很可能情绪失控说出没有证据支撑的推断与结论。

针对4）①，准备自己在案件以前发表的关于红棕象甲及其危害严重性、症状鉴定的论文、专著，并准备现场演示从而排除人为破坏的证据。

针对4）②，找到其他科研单位、业务管理部门无法控制红棕象甲虫害、受害树木无法救治的证据。

考虑到原告缺乏专业知识和法律知识，在法庭辩论中帮不上什么忙，所以在周六、周日搜集相关证据的过程中，笔者始终都没有告诉原告笔者要怎么来打赢这场诉讼，这主要考虑到保密，防止节外生枝，以便在庭审中向被告发起突然的攻势，让被告没有证据交换之后关于原告的情报，使得被告难以做进一步的准备。当然，被告大概率认为他们一定会赢，基本不会做太多的准备。

开庭前笔者特地安慰了原告，告诉他，笔者一旦接手，不管是遇到朋友还是同行，绝不留任何情面，并特别嘱咐他，在法庭上一句话都不要讲，全部由笔者来应对。

第一个回合——先声夺人、一箭三雕。

开庭时，法官要求原被告分别介绍一下己方出庭人员。由于被告看到了笔者为原告出具的鉴定意见，开庭时临时撤换了为被告出具专家鉴定意见的三位专家中的两位，这样就对原告当庭质证被告造成了困难，但对笔者而言也正是一个进攻的机会，因为被告方的这一做法已明显违反了《行政诉讼法》第三十五条"在诉讼过程中，被告及其诉讼代理人不得自行向原告、第三人和证人收集证据"。

笔者随即提出，希望法官能在法庭辩论后查明，签署鉴定意见的未到场的两位专家是一起到现场的，还是分头去的？是在签署鉴定意见当日或之前去的，还是签署鉴定意见之后去的现场——这样的要求不仅能构成对被告鉴定意见的有效质证，还能体现出笔者的实践经验与应对技巧，一定程度上可防止法官和法院所请的专家有可能出现的倾向性（法院当时请了三位专家）。

法官当场同意了笔者的要求，同时还要求被告更换后的两位专家禁言，他们对原告有疑问可以写下来交给被告的诉讼代理人。

第二个回合——先抑后扬、先破后立。

由于第一个回合对被告不利，他们本以为更换了专业性更强的专家，结果被法官禁言了。笔者随即提出，90%的情形下是不能通过照片来鉴定树木生长状况的——这样的"抑"不仅能争取法官的信任，还能让被告放松警惕，"畅所欲言"，并让对方的情绪有所波动——从开庭前认为必胜，到开庭时被打了"一闷棍"，再燃起诉讼获胜的希望。

诉讼中，不仅要"求异"，有时也要一定程度的"存同"，否则有可能会让人觉得你是来找茬的。笔者鉴定结论的第一部分就是对树木种类的分类鉴定，当时就是为日后有可能参加的法庭辩论埋下伏笔。被告对笔者的分类鉴定无异议。

树木的濒死、死亡与否是一个非常专业的问题，很难直接说服法官。所以笔者从开庭时质证被告鉴定意见的形式转到质证被告鉴定意见的内容。被告的专家鉴定意见称所砍伐的两株树木生长正常。笔者提出，大王椰是常绿植物，不存在秋冬季或春季落叶的问题，现场未砍伐的一株大王椰叶片茂盛，生长正常，而被砍伐的两株大王椰一株没有叶片，一株只残存少量叶片，明显属于生长不正常的状态。这样的"破"就把一个非常专业的问题先转为常识性的问题——常绿树木在春夏之交应当枝繁叶茂，以此说服法官，被告也无力反驳。《行政诉讼证据》第六十八条前款规定"下列事实法庭可以直接认定：……（五）根据日常生活经验法则推定的事实"。笔者随即指出，被告方的专家鉴定意见称所砍伐的两株树木生长正常是明显有瑕疵的，这样就为进一步的"立"做准备。

第三个回合——金蝉脱壳、画地为牢。

被告的专家鉴定意见被当庭指出不合理，对方立即质证笔者当时是否到现场采集到红棕象甲。笔者坦承当时没有去过现场，没有采集到红棕象甲，但根据照片可以判断是红棕象甲危害……本来没有在现场抓到红棕象甲几乎是诉讼要获胜的"致命伤"，但笔者把话题引到红棕象甲的生态习性、危害性、危害的诊断等这些笔者非常熟悉而对方律师完全不熟悉也没有做准备的方向。这样不仅让被告的律师失去作用，也让被告的专家处于劣势并有可能情绪失控。

笔者现场展示了在诉讼前十至十五年发表的论文、专著（如果是诉讼之后才发表的论文、论著就不能作为证据），上面有红棕象甲的幼虫、蛹和成虫的照片，以此判断照片中的两株大王椰是分别受红棕象甲危害濒死、致死；再根据死亡的季节，排除其他的死亡因素（寒害、雷击……），从而证明是红棕象甲危害。

第四个回合——以逸待劳、步步为营。

被告本以为笔者当时没有去过现场，没有抓到红棕象甲而缺乏直接证据会很被动，但没想到笔者能自圆其说，情绪上已经有点失控。被告质证说如果是红棕象甲危害致死，那么现场的三株大王椰应该是都受红棕象甲危害死亡，不可能还有一株生长正常。

显然，被告已经按照笔者设定的路径范围来质疑笔者，只要找到一个反证来驳倒被告即可，而且还能进一步证明笔者提出的红棕象甲致死的合理性。笔者在法庭上展示了2010年拍摄的一组照片，某科研单位的办公楼前有三株大王椰，其中两株生长正常，一株受红棕象甲危害，树干折断死亡，现场还有红棕象甲的幼虫、蛹的照片。反之，如果被告方不提出上述想当然的问题来质证，笔者大概率没有机会来展示这些照片，因为有经验的对手会向法庭提出展示上述照片与案件没有相关性。

笔者借机继续展示红棕象甲危害的两组照片。其中一组是某科研单位的某一场所，棕榈科植物受红棕象甲危害已经有1/4死亡并被替换，1/4濒死——该科研单位都无法救治，何况没有高级职称的原告更无力救治。另外一组是作为主干道行道树的棕榈科植物受红棕象甲危害死亡——专业的管护单位也无力救治。这两组照片都证明了红棕象甲的危害，并不意味着会导致某一区域的棕榈科植物全部死亡。

第五个回合——瞒天过海、精准狙击。

被告直接站起来质证笔者，称大王椰没有叶片不是红棕象甲引起，而是人为破坏致死。被告并没有原告人为破坏的证据，这样的质证是无效的。笔者继续借用《行政诉讼证据》第六十八条前款规定"下列事实法庭可以直接认定：……（五）根据日常生活经验法则推定的事实"来推定。

笔者在法庭上将蛇皮袋打开，从中取出长四五米的大王椰叶片，现场展示了大王椰的韧性——笔者和原告两人站在大王椰两端，怎么也无法将大王椰扯断。这一演示出乎现场所有人员的意料——现场其他十几个人都没有想到笔者的蛇皮袋里装了大王椰的叶片，即使是原告，在笔者要求现场演示时才知道笔者带蛇皮袋和大王椰叶片的目的。

笔者提出，大王椰树干光滑，高十几米，常人根本无法攀爬上去，要上去破坏，一定要借助吊车，需要花费上千元，在平地都难以破坏大王椰，花钱在高空中冒生命危险去破坏它，完全不符合常理。

被告的另一人也站起来质问笔者——"既然说红棕象甲能飞，那么红棕象甲能飞多远？"笔者回应道，那要看是顺风飞，还是逆风飞。

法官当即宣布，这些专业的问题还是你们之后讨论，法庭辩论结束。整个法庭辩论持续了三个多小时。

庭审结束后，笔者就劝原告，能和解就争取和解，毕竟原告错在前面，何况以后还要和管理部门打交道。最终，双方和解，管理部门向原告退还了88%的罚款。

上述案例表明，行政诉讼（其他诉讼也一样）一定是围绕证据的关联性、合法性和真实性（包括证据的效力）展开的；行政诉讼赋予原告的权益或者说优势，就是被告迟滞的证据、滥用的证据、未用的证据都是无效的。

在诉讼中，不是靠专家和律师的数量来取胜的，而是要全力以赴，将涉案知识系统集成，以丰富的实践经验应对变化莫测的诉讼现场。在上述案例中，被告的专家和律师应当把原告的举证限制在砍树现场，一旦原告的举证超出现场，都要以原告的举证与案件不关联为由请求法官中止原告的举证，但这样做的前提是，被告的举证要恰到好处，不能给原告在质证的过程中提出有利于原告的证据。被告也可以在质证中提出树木生长不良的原因不是红棕象甲所致以及生长不良后仍可以复壮的证据，当然，这样做的前提是要尽全力做准备，绝不能轻敌。俗话说，兵不在多而在精，将不在勇而在谋。

显然，从质疑到投诉，再到行政复议或行政诉讼，都需要花费越来越多的精力，甚至还需要专家和（或）律师的介入，这就涉及是否值得去投诉、行政复议或行政诉讼，即决策目标的问题。

第**5**章

如何制定投标决策

5.1 制定决策目标

从第 4 章的内容可以看出，投标人的决策除了投标与否之外，还可能涉及质疑、投诉、行政复议和（或）行政诉讼。因而，如何根据实际情况制定有效的决策目标，就非常重要。但无论在生活中，还是在投标中，目标和目的常被人相混淆。

5.1.1 目标和目的易混淆

目标的含义有：①是指对象（如攻击或搜寻的对象）；②是指想要达到的境地；③是指想要达到的标准（即决策目标）。

目的的含义有：①是指想要达到的地点，即目的地；②是指想要达到的境地；③是指想要的结果。

通常，投标人自身比较清晰的是目的，而非决策目标。

投标人常见的六类目的如下：

1）追求利润，中标并非目的，中标之后获得利润才是投标的主要目的。

2）追求面子，尤其对大公司而言，自身是前一轮项目的中标人和履约方。

3）追求业绩，以期日后的投标中获得有利的竞争地位。

4）消化资源，如果没有中标，就必须解聘原有的人力资源（尤以环卫等人力密集型的服务项目更为明显）。

5）利用资源，库存较高，占用资金和仓库；人力资源富余，如果没有中标，就意味着要把人"养"起来。

6）应急处理，例如，遇到征地，苗木需要尽快搬迁；又如，公司资金链面临断裂，若拿到预付款，有可能避免因资金链断裂引发的公司倒闭。

如果投标人有多个目的，就相当于多目标决策，此时就需要制定好决策目标。此外，投标人的实力若不是非常之强，就很难中标，很可能出现屡战屡败的情况，这也需要制定好决策目标，否则屡战屡败不仅打击管理层和员工的自信，也会使公司走向下坡路。

5.1.2　决策目标的四大指征

决策目标的制定，无论是民用还是军事领域，都涉及四大指征。

1. 决策目标的时间指征

决策目标的时间指征是指目标完成的起止时间。如果涉及多目标，就包括总目标的起止时间，以及每个子目标的起止时间。

2. 决策目标的空间指征

决策目标的空间指征是指地理位置与辐射范围。例如，投标人如果是做食材供应的，那么经营地点就应选在比较中心而又不会拥堵的位置，确保在30min甚至15min内能响应采购人的紧急需求。

3. 决策目标的对象指征

决策目标的对象指征是指与决策目标密切相关的人群。在招标投标中，对象指征包括采购人、招标代理机构、评委（包括采购人代表和抽选的专家）、专家（尤其是不会参与当地评标的外地专家）、供应商（尤其是主要的或重要的供应商）、竞争对手。如果是联合体投标，还包括联合体其他成员；如果是异地投标，还包括投标当地的合作者。

4. 决策目标的效益指征

决策目标的效益指征是指经济效益和社会效益，以及相应的投入和风险。在政府采购项目中，通常都是以最低的有效报价为基准价，报价越高，价格分越低，中标的可能性就越低。反之，报价越低，价格分越高，中标的可能性越大，但中标后的利润就越低，甚至有可能出现亏损。

> 案例5-1：不少投标人咨询，由于当地的政府采购规定，业绩证明须同时满足：①中标（成交）公告。②中标（成交）通知书。③采购合同文本、验收合格的相关证明。而他们的大量业绩往往缺乏中标（成交）公告、中标（成交）通知书（业内把这四项称为"四证齐全"），最终导致业绩分为0分而难以中标，尽管他们的业务能力很强，原来客户也给出了很好的评价。
>
> 造成上述情形的原因有两种可能性：一是原来承接了很多政府部门直接委托的项目，只有合同和验收证明，不存在中标（成交）公告或中标（成交）通知书；二是原来承接了房地产商直接委托的项目，只有合同和验收证明，或除了合同和验收证明之外，只有中标（成交）公告或中标（成交）通知书中的一项。
>
> 近期房地产行业不景气，承接房地产商的项目就越来越少，利润空间也越来越小；政府部门直接委托的项目也越来越少。因而，上述供应商参与相关的政府采购项目的竞争已常态化。如果业绩分为0分，那就难以竞争了。

5.1.3　决策目标的类型

决策目标，无论是民用还是军事领域，都分为两类：①问题导出型决策目标。②战略导出型决策目标。

案例5-2：中途岛战役是太平洋海战的转折点——具有明显优势的日本联合舰队惨败于美国海军。日方将中途岛战败归咎于日方舰载机来不及起飞的5min，即日方第一架战斗机刚起飞就遭到了美方飞机的轰炸，若再有5min，日方的战斗机就能全部起飞并成功防范美方的战机。

事实上，日方于6月4日4点45分就开启了对中途岛美军基地的攻击，到10点24分美军突破日本航母的防线，整整有5个半小时之久。虽然，美军提前破获了日本海军的专用密码JN-25，但海战与陆战差异很大，情报的价值更多地在于避免战败而非取胜。如果日方调整了海军编队，或启动新的密码，美军都难以有获胜的机会。日方在发起对中途岛的攻击之前，之所以一直没有调整目标与计划，就是因为它一直没有意识到目标制定的错误——让南云忠一舰队同时完成两种目标（见下表）。日方山本五十六将海战部队分为6支编队，南云忠一舰队打头阵。

目标	攻占中途岛——问题导出型	诱歼美方海军主力——战略导出型
时间指征	若无美国海军主力援助,攻占中途岛只需要较短时间	不确定,时间上只能等对方"配合",需要美国海军主力从本土赶往中途岛
空间指征	拟打击的机场、码头均为固定目标,拟打击的陆基飞机虽为移动目标,但其降落位置固定——中途岛机场	拟打击的舰船和飞机均为移动目标
对象指征	机场、码头和陆基战机	美方海军主力(舰船及其舰载机)
效益指征	在短期内可保证日本舰队在西太平洋活动的安全 需要部分舰载机护航与进攻,需要登陆部队,可通过潜艇偷袭	在较长时间内可基本保证日本舰队在太平洋活动的安全 需要投入对美方构成优势的航母舰队

显然，南云忠一舰队分身乏术。如果美国海军主力没有"上钩"，那么日方的计划——诱歼美国海军主力的计划就落空了；如果美国海军主力前往中途岛，分为6支编队的山本五十六海战部队将遭遇赔了夫人又折兵的结局。

因而，中标既不是投标的根本目的，也不是真正的目标，在投标中只有将决策目标细化到目标四大指征以及目标的类型，决策目标的制定才不会出错。

5.2　中标路径分析

5.2.1　细致

要达到上述投标人的六类目的，就意味着要先中标，要中标就意味着先要通过形式审查、资格审查和符合性审查，这就需要投标人细致、细心地阅读招标文件，专心编写投标文件。

案例5-3：某国家公园进行科考招标，共有四家高校和科研院所参加投标。投标人甲为985高校，且就在该国家公园所在省，具有天时地利的优势，但资格审查未通过，错失中标机会，项目负责人此前牵头若干单位数十位专家的努力付诸东流。

实践中，符合性审查未通过的情形往往多于资格审查未通过的情形。

案例 5-4：某跨海大桥项目课题招标，有三家院校参加投标，由于有一家投标人的时间节点不满足招标文件要求，故未通过符合性审查，课题招标失败。

上述两个案例表明，即使是高智商的团队，也会犯低级错误或对招标文件的理解不到位。因而，参与投标，每一次都要做到细致，对于金额大的项目，最好找招标投标领域的顶级专家来把关。

5.2.2　精致

有的政府采购项目规定，报价最低的中标。此时投标文件的编写，只要确保通过形式审查、资格审查和符合性审查，以及尽量争取合理的最低价即可，即细致+报价的"精致"，凡招标文件未要求的都不需要提供，否则就是一种"内卷"，况且人的时间和精力是有限的。

然而，大部分政府采购项目，尤其是采购金额较大的项目，都采用综合评分法，只有总分第一才能中标。这就意味着，编制投标文件不仅要细致，不能出错，还要精致，对技术项、商务项、价格项和加分项（如果有加分项）进行正确的响应，并且让评委知道投标文件已经对上述规定作了力所能及的响应。

5.2.3　极致

由于竞争激烈，不仅要把投标文件做到精致，还要做到极致，具体如下：

1）不仅要让评委知道自家的投标文件正确无误，完全满足招标文件的要求，还要提醒评委其他家投标文件可能出错了。对于上千页的投标文件，要让疲劳的评委保持良好的评审状态，并且知道"你"非常专业，也能提高评审速度。

2）看似不满足的，尽量打擦边球。

3）模棱两可的要求，通过质疑，降低对自己的要求，或提升对其他投标人的要求，或按兵不动以观后变。

4）报价采用决策树或"四两拨千斤"的方式（详见第 6 章报价得分巧应对的相关内容）。

5.3　决策之一：取与舍的评估

5.3.1　避免当"陪练"

如果要把每一次的投标文件都做到细致、精致再到极致，那就意味着需要大量的时间和精力，要对招标投标项目进行筛选，不能去当"陪练"。"陪练"有以下几种情形或其组合：

（1）投标文件没有认真细致地做

1）粗枝大叶。以本书案例 2-18 为例，该第一中标候选人经历两次摇号，先从数百家投标人中摇号入围 20 家中标候选人，经评审合格后再次摇号才能成为第一中标候选人，中标的概率远低于百分之一。该第一中标候选人运气很好，好到评委都没有发现他的重大失误——质量一栏未写合格，而是写成其他的两个字，直到在公示过程中这一低级错误才被发现，他们最终与中标擦肩而过，投标人为自己的粗枝大叶而埋单。

以案例 2-20 为例，虽然技术分得了第一，但因编写商务文件粗枝大叶而导致设计周期填错，一个低级错误错失了近千万元的设计业务，还浪费了大量编制技术文件的人力和物力。

就管理层而言，一定要安排工作认真的员工去编制投标文件。管理层也可以考虑安排不同的编制投标文件员工对投标文件进行交叉检查。就编制投标文件的每个人而言，一定要养成认真、细致的工作习惯。认真做事的人在哪儿都会受欢迎。

2）频繁赶工。编制投标文件的人员太少，而参与投标的项目又太多，导致频繁赶工，出错是大概率事件。

如果突然增加编制投标文件的人选，而该人选没有编制投标文件的经验，不仅不能应急，反而会增加额外的经费，所以上策是对招标投标项目有取有舍。

从时间角度而言，如果采用综合评分法且预算金额达 6 位数，那么投标文件的编制应至少预留一周时间，否则仓促编写，难以获得高分，甚至会因疏漏导致重大偏差而被废标。

（2）对招标文件的理解欠缺或投标文件的编制不到位

1）能力、经验不足。新入行的员工往往缺乏经验，而一些入行有一段时间但未深入一线的员工，同样也会缺乏实践经验，即使对招标文件的理解无误，投标文件的编制也往往不到位。

就管理层而言，可以安排老员工带新员工，但有的老员工未必会认真带新员工。就编制投标文件的每个人而言，要多与一线的员工交流。

2）招标文件的编制不够明确、精确、准确。即使是当地的评委，由于招标文件的编写往往不够明确、准确、精确，所以对招标文件的理解与评判也可能不一致。例如，本书案例 3-5 中，招标文件"要求拟派项目负责人为市政或建筑专业二级以上注册建造师或临时执业建造师或助理工程师"就不够明确。

因而，上策是请资深专家现场培训、指导新手。有的投标人第一次被废标了，第二次还会被废标——两次废标的原因不同。这有两种可能性，其一是投标文件有诸多可以废标的事项，但评委没有全部发现或意见不太一致，只列出了最明显的废标事项；其二是评委懒得把所有的废标事项及其废标依据都列出来——政府采购的评审和机电产品国际招标投标不同，后者规定，投标人的废标情形若在第一次评审时未列出，那在以后的复审中不得增列第一次未列出的废标情形。

（3）企业自身条件欠缺

综合评分法往往对企业的软硬件有打分的要求，例如，ISO 认证与否，业绩的数量。

如果投标人的客观分与满分有较大差距，就应放弃。笔者就不止一次遇到第一和第二中标候选人的分数只差了 0.07 分。也就是说，如果有两项客观分均为 0 分，而这两项客观分的满分分别为 2~3 分时，基本就可以放弃了，除非是第一次招标或该客观分的要求太高，大部分投标人都难以满足。否则，作为常规招标投标项目，竞争非常激烈，中标候选人的客观分往往是满分或接近满分。如果投标人还不想放弃，那要怎么应对呢？

回到本章案例 5-1，当业绩分为 0 分时，理论上只有以下两种应对方式：

1）报价尽可能低，以获得价格分的满分。

2）争取不需要"四证齐全"的招标投标项目。如果本地的政府采购项目都要求"四证齐全"，那就意味着要到不需要"四证齐全"的外地去争取中标。实际上，这种情形就需要报价尽可能低，以求在短期内中标，再以此为杠杆撬动新项目的中标。

5.3.2 如何应对"意向中标人"

"意向中标人"有以下几种情形：

（1）本项目的前期参与者

前期工作包括采购人明确采购需求与预算、绘制图纸等。

（2）以往项目的参与者

以往项目的参与者配合做得不错，采购人较为信任。尤其是，采购人遇到过转包、挂靠、质量差等问题而苦不堪言时，非常希望已经建立信任关系的供应商继续提供服务。

（3）靠人情关系

这种是少数情形，多见于一些大项目。但在一些大项目的评审中，业主也可能要求招标代理和评委要非常严格地执行评审纪律，例如，如果是当地最大的采购项目，各方都高度关注。

上述3种情形，如果没有及时发现，或没有应对好，就可能成为"陪练"。有经验的专家往往能从招标文件的内容判断该项目在前期有没有人介入以及介入的程度。

遇到上述3种情形，也并非一定不能去参与投标。例如，如果谈判响应文件的报价较低，那也有可能成交（案例5-5）。

> 案例5-5：某实验室进行装备采购，采购前本地供应商参与了部分前期工作，该装备采购采用了政府采购的竞争性谈判方式，最终外省的某供应商成为成交供应商。

又如，若投标文件（或磋商文件）的技术部分和商务部分接近于满分，那也有可能中标（案例5-6）。

> 案例5-6：某食材采购的评分标准见下表（涂色部分为对招标文件细读之后的标记）。

序号	评分标准	分值
	1. 技术因素(满分45分)	
1-1	根据投标人的加工、包装、检验、储存、配送等整个供货系统的配置与管理进行评价:供货系统配置全面完善,工作环节重点突出,能保障项目实施的,得3分;供货系统配置虽有不足,但基本不影响项目整体供货的,得2分;未提供或不可行的不得分	3分
1-2	根据投标人的食品安全控制实施方案进行评价:方案完整,内容详尽,具体可行的,得3分;方案虽有所不足,但基本不影响项目整体实施的,得2分;未提供或不可行的不得分	3分
1-3	根据投标人的服务质量、安全卫生承诺、品质保障方案响应情况进行评价:服务承诺详尽全面,品质保障措施具体到位,能够切实保障项目实施的,得3分;方案虽有不足,但不影响项目整体实施的,得2分;未提供或不可行的不得分	3分
1-4	根据投标人的配送服务方案(包含车辆调度计划、送货路径等)进行评价:方案完整,内容详尽,具体可行的,得3分;方案虽有所不足,但基本不影响项目整体实施的,得2分;未提供或不可行的不得分	3分
1-5	根据投标人的客户沟通、客户投诉处理以及客户满意度调查方案进行评价:方案详尽全面,内容具体可行,能够保障客户的问题得到及时有效解决的,得3分;方案虽有不足,能及时处理客户的问题的,得2分;未提供或不可行的不得分	3分

（续）

序号	评分标准	分值
	1. 技术因素（满分45分）	
1-6	根据日常服务记录档案、特别情况记录、凭证、单据等档案管理方案进行评价:方案详尽全面,档案管理科学,能够保障日常服务及时记录、完整准确的,得3分;否则不得分	3分
1-7	根据投标人的突发事件应急处置方案进行评价:方案详尽全面,具体处置方案合理可行的,得3分;方案虽有不足,但基本能保障突发事件及时处理,不影响项目整体实施的,得2分;未提供或不可行的不得分	3分
1-8	根据投标人的新冠疫情安全防控措施进行评价:防控措施全面合理,内容具体,能有效起到疫情防控效果,符合政府部门疫情防控要求的,得3分;否则不得分	3分
1-9	根据投标人针对本项目的食品退换货方案进行评分:方案详尽全面,能及时有效进行退换货的,得3分;方案虽有不足,但承诺能按采购人要求进行退换货的得1分;未提供或不可行的不得分	3分
1-10	投标人能及时提供配送服务,具有5辆配送货车的,得1分,每增加2辆加1分,满分3分。投标人须提供车辆的租赁合同或购买证明,以及有效的车辆行驶证证明、发票证明	3分
1-11	投标人能及时提供配送服务,提供9名专职配送人员及以上的,得3分;须提供人员身份证、健康证等证明,否则不得分	3分
1-12	投标人承诺提供蔬菜农残检测报告:每月检测1次的,得3分;每季度检测1次的,得2分;每半年检测1次的,得1分;投标人未书面承诺的,不得分	3分
1-13	投标人的经营、加工场地干净卫生,物品摆放整齐,具有装车间、冷藏车间的,得3分;场地干净卫生,物品摆放整齐,但不具有包装车间、冷藏车间的,得1分;须提供彩色照片佐证,否则不得分	3分
1-14	中标人若不按时按量供货,采购人可另行通知他人供货。第一次不按时供货,中标人赔偿采购人损失1万元;第二次不按时供货,中标人赔偿采购人损失2万元,中标人若第三次不能按时供货,中标人赔偿采购人损失3万元,且采购人有权取消合同,所造成的后果由中标人负责;中标人若不按采购人要求的数量供货,超过部分全部退回,不足部分由采购人另行采购,采购所需费用由中标人负责,投标人须对上述内容做出书面承诺;能满足上述要求的,得3分,否则不得分	3分
1-15	投标人为本项目配备的工作人员应配备专业器具、工作服,确保安全、卫生作业,上述工作人员不得随意变更。中标人应加强进场工作人员的安全教育,相关人员人身安全事故责任均由中标人承担,投标人须对此做出书面承诺,能满足上述要求的,得3分,否则不得分	3分
	2. 商务因素（满分15分）	
2-1	根据投标人的管理制度(包括但不限于企业薪酬制度、财务制度、考勤制度等)情况进行评价:制度内容完整,具体可行的,得3分;未提供或不可行的不得分	3分
2-2	根据投标人的售后服务方案进行评价:售后方案保障全面,服务内容切实可行,能够切实为采购人提供售后服务保障的,得3分;售后服务方案虽有不足,但不影响整体售后服务的得2分;未提供或不可行的不得分	3分
2-3	投标人具有自营或长期合作的蔬菜基地,能提供相关证明的,得2分;未提供资料的不得分	2分
2-4	投标人获得高校农产品供应基地证书的,得1分,须提供证书复印件进行佐证,否则不得分	1分
2-5	投标人承诺供货期间购买食品安全责任险,保单金额≥2000万元的,得3分;2000万元>保单金额≥1000万元的,得2分;1000万元>保单金额≥500万元的,得1分;500万元的>保单金额的不得分;须提供明确具体的承诺函或有效保单复印件,否则不得分	3分

		（续）
序号	评分标准	分值
	2. 商务因素（满分 <u>15</u> 分）	
2-6	类似业绩、经验： 　　根据投标人2020 年至今（以合同签订时间为准）类似蔬菜供应项目的经营业绩、经验的有效证明文件进行评价：每个有效业绩得 0.25 分，满分 3 分。有效证明文件必须包括该业绩的中标（成交）公告［须提供相关网站中标（成交）公告的网页截图及下载网址］、中标（成交）通知书复印件、采购合同文本复印件，以及能够证明该业绩项目已经采购人验收合格的相关证明文件复印件（如签收单、结算发票等）	3 分
	3. 价格因素（满分 <u>40</u> 分）	
3-1	各有效报价得分 = 40×（最低有效折扣率÷有效投标人折扣率）	40 分
	各有效投标人的最后综合得分 = 技术因素+商务因素+价格因素	

　　上述评分标准的"2-4"是一个"特殊"的评分规定，经了解，几乎没有其他高校与供应商签订类似协议。显然，如果"投标人获得高校农产品供应基地证书的，得 1 分"，那么投标人获得高职或中专院校的农产品供应基地证书，是否也应得 1 分？也就是说，评分标准"2-4"看似无瑕疵，但实际上是带有倾向性的。

　　由于该项分数占比较小，对中标结果的影响不大。投标人 A 虽然没有该协议，但在递交投标文件之前，请专家把关其投标文件（包括更换过期的行驶证证明等）后，获得了中标资格。

　　事实上，"意向中标人"并不一定有绝对的优势，因为"意向中标人"未必会非常认真地做投标文件。例如，某项目共 5 个标段，要"补"招标手续，每一个标段都有一份明显较厚的投标文件，出乎意料的是，某标段有一份明显较厚的投标文件因资格未通过审查而被废标⋯⋯

　　多数招标文件没有太大问题，尤其是进入当地政务中心（招标投标中心）的招标项目，往往经过了审核，但没有进入招标投标中心的（俗称场外标）的招标文件的弹性就较大。

　　如果发现招标文件有"控盘"之嫌，就需要认真评估，是否还需要继续投标，毕竟编制投标文件需要大量的时间、精力，有的还需要缴交数额不菲的投标保证金。毕竟像案例 5-6 中评分项"2-4"占比很低的情形不多。因而，供应商（投标人）不仅要善于充分挖掘资源，还要把有限的资源用在刀刃上，使有限的资源效益最大化。

　　那如何快速发现招标文件是否有"控盘"之嫌？如何把关好投标文件？最好的方法就是借助外部专家，尤其是大金额的项目，要请外地的顶级专家把把关。如果是要新进入一个新的招标投标领域，更要咨询专家。那为什么要找外地的专家？因为本地的专家，有可能和某一个或某些投标人有较深的交往，可能不会全力以赴地帮助投标人。

5.4　决策之二：得与失的评估

　　以本书案例 4-3 为例，投标人从质疑、投诉，再到行政复议、行政诉讼，花费了大量的时间、精力，没有得到原先想要的结果，反而得罪了不少部门，原来的一些业务也被拒之门外。因而，除了做出投标与否的取或舍的决策评估之外，有时还要进行是否质疑、投诉等的得与失的决策评估，是否需要请外部的专家把关，甚至进行从头到尾的跟踪，也需要评估。

就结果而言，质疑可能被接受，也可能被驳回。无论结果如何，质疑人都要留下联系方式，否则被质疑人就不会处理质疑函。而一旦留下联系方式，就等于是"打明牌"，因为在电子招标投标中，招标代理机构（和/或采购人）在开标前并不知道有哪些投标人。

以本章案例5-6为例，投标人A有不同的应对方案：

1）对评分项2-4提出质疑，理论上有两种结果：

① 质疑被接受。这就意味着投标人A少扣1分，表面上与"意向中标人"处于同一起跑线，但打成了明牌，"意向中标人"很可能将报价降低0.5折甚至更多，最终的结果可能是投标人A未中标。假定所有投标人中的最低折数为0.75折，则价格分变动如下：

a. 如果"意向中标人"从95%降到90%，价格分就会从75%/95%×40 = 31.58增加到75%/90%×40 = 33.33，增加了1.75分。

b. 如果"意向中标人"从90%降到85%，价格分就会从33.33增加到75%/85%×40 = 35.29，增加了1.96分。

c. 如果"意向中标人"从85%降到80%，价格分就会从35.29增加到75%/80%×40 = 37.50，增加了2.21分。

上述三种情形的增加值都超出了投标人A少扣的1分。如果最低折数低于0.75折，那么增加值会更高。

② 质疑被驳回。投标人A有以下两种应对方法：

a. 继续投诉，若投诉成功，结果同"质疑被接受"；若投诉被驳回，属于"赔了夫人又折兵"。

b. 放弃投诉，属于"赔了夫人又折兵"。

2）对评分项2-4不提出质疑，投标人A打的则是暗牌，"意向中标人"不仅不可能针对投标人A采用降低报价折数的应对方法，而且编制投标文件也未必会认真。

事实上，投标人A未获得高校农产品供应基地证书，此项失了分，但该投标人未就评分项2-4提出质疑，而是请专家对投标文件进行把关修改，最终该投标人中标。

通常，如果资格性或符合性的要求不合理（如要求的资质等级过高或过多），限制了投标人的投标，那么投标人就要质疑，但质疑提出之前就要考虑好，如果被驳回，要怎么投诉。资格性条款一旦修改，招标就将终止，需要重新招标了，也就是说要重新采购了。

如果评分条款不够清晰，投标人自身能满足其最高要求，那么就要质疑；反之，投标人自身不能满足其最高要求，甚至只能满足其最低要求，那么就不要质疑。

如果评分条款不合理，但占比不大，且绝大部分投标人都会失分，那就未必需要质疑，可以静观其变，出其不意，如本章案例5-6。

如果评分条款不合理，且占比较大，或者虽然占比不大，但只影响了自己或包括自己在内的少数投标人，那应提出质疑。

如果招标文件前后不一致，且未说明以哪一部分为准，或者虽然明确了以哪一部分为准，但为准的这一部分又没有写清楚，那就要质疑。

5.4.2 请专家的得与失

假定一个项目中标后的利润是 100 万元，如果没有请专家把关的中标概率是 30%，请专家把关的中标概率是 60%，假定请专家的费用是 5 万元，那么是否值得请专家呢？

下面来进行计算：

1）第一步，计算损益期望值。

方案 1（没有请专家），$E_1 = 100 \times 30\% = 30$

方案 2（请专家把关），$E_2 = 100 \times 60\% - 5 \times 100\% = 55$

2）第二步，比较两个方案的损益期望值。

$E_2 > E_1$，故应选择方案 2。

显然，利润越高，请专家的必要性越大。

也许读者会问，中标概率如何确定？中标概率是根据经验推算的。那么，若无法推算具体的中标概率，要怎么应对呢？

一般而言，如果投标文件做得足够好，能百分之百确保不会被废标，且不涉及质疑、投诉，那么就不用考虑请专家把关。反之，如果是新手，不敢确保投标文件会不会被废标，或者会涉及质疑、投诉，那么还是请专家为上策。

也许读者还会问，项目金额小，利润低，如果请专家，都不够付专家费用怎么办？那就需要酌情处理。

除了质疑、投诉之外，有一些紧急情况的处理也很重要（见案例 5-7）。

> 案例 5-7：对某大型文体建设项目的预算编制和招标代理进行招标。招标文件要求参与投标的招标代理机构和具有招标资格的工程咨询机构按照控制价的折扣进行报价，折扣最高不得超过 70%。某招标代理机构报出的折扣为 0.05%。在开标时，该代理机构就提出自己报错了，价格报太低了。
>
> 在进行价格评审时，按照惯例，评标委员会肯定会依据招标文件对这一低价要求投标人做出澄清。理论上会出现以下几种可能性：
>
> 1）如果投标人提出把报价更改为 50%，那么一定会被评标委员会拒绝。
>
> 2）如果投标人提出报价太低，无法履约，那么评标委员会有两种可能的处理：①继续评审。②要求投标人继续澄清，无法履约是要放弃投标还是不放弃。
>
> 3）如果投标人提出报价太低，放弃投标，其投标保证金将不予退回。
>
> 遇到上述紧急情况，如果有专家帮助，那么就能避免投标保证金不予退回这一情形的发生，即投标人自己对低价无法做出任何说明，等待评标委员会否决自己的投标。
>
> 如果有专家的全程跟踪，那应该不会出现折扣为 0.05% 的报价。

严格地讲，折扣不同于折数。

折数是指打到多少折，7 折（七折）意味着将原价优惠到 70%，7.5 折（七五折）意味着将原价优惠到 75%。

折扣则是指优惠了（扣除了）多少，5% 的折扣意味着将原价优惠到了 95%。

日常中，甚至在很多招标文件中，将折扣作为折数。在会计中，折扣分为商业折扣和现金折扣等，但均指优惠了多少。

例如，企业 A 销售给企业 B 一批货物，原价 100 万元，增值税税率为 13%，企业 A 给予长期客户企业 B 商业折扣 10%，如企业 B 能在短期（一周）内付现，则再给予现金折扣 2%。

则企业 A 所做的会计分录为

借：应收账款 101.7 万元

　　贷：主营业务收入 90（100×10%）万元

　　　　应交税金　应交增值税（销项税额）11.7（90×13%）万元

如果企业 B 在一周之内交付了货款，企业 A 则应：

借：银行存款　99.666 万元［（101.7-2.034）万元］

　　财务费用　现金折扣 2.034（101.7×2%）万元

　　贷：应收账款 101.7 万元

如果请专家把关，投标人要怎么选呢？

1）专家要熟悉《政府采购法》《招标投标法》及其配套的法规、规章，以及相关的法律及其配套的法规、规章（如《民法典》《行政诉讼法》《行政诉讼证据》《行政复议法》《行政复议法实施条例》）。

2）参加过上百次的政府采购评审，既有货物、服务的，也有工程设计、施工等，如果还有科技项目招标投标，就更好；同时也要参加过外地的评审。

之所以强调要参加过上百次的评审，是因为这样才有可能保证该专家参加过不同对象、采购类型的评审，如公开招标、邀请招标、竞争性谈判、竞争性磋商、询价、单一来源采购。

之所以强调要参加外地的评审，是因为这样才能避免单一思维，不同地方的规定差异较大。

3）处理过质疑、投诉，参加过庭审。

之所以强调要处理过质疑、投诉，是因为这样才能让专家更深入地思考与政府采购相关的问题。

之所以强调要参加过庭审，是因为这样才能让专家对证据的"三性"有更加清晰的认识，才能直接回答投标人的问题。

> **案例 5-8**：投标人咨询，经向业主和招标代理机构了解，其他投标人均未在规定期限内回复同意延长投标有效期，他们是否能递补为第一中标候选人？笔者问道，你们有什么证据？该投标人说，当时有录音。笔者继续问道，在哪里录音的？该投标人说，在对方办公室录音的。笔者回复，这样的录音在法庭上不能作为合法证据。笔者继续问道，当时还有谁在现场？该投标人说，没有其他人在现场。笔者告诉对方，在政府采购的投诉中提供这样的录音，如果行政部门照章办事，反而容易成为自身企业不良记录的把柄。

在上面的案例中，如果对《行政诉讼证据》等不熟悉，就不可能当面回复投标人。笔者给对方的建议是，调查取证最好是两个人同行，如果两个人是同事，尽管证明效力会偏弱，但仍有一定的证明效力；如果一定要录音，只能在己方办公室或公共场所，且不能侵害其他无关人的合法利益。

第**6**章

如何编制投标文件

6.1 形式审查巧应对

6.1.1 纸质标形式审查巧应对

纸质标，是指必须提供纸质投标文件，且必须通过纸质投标文件进行评审。

1. 投标材料的构成

纸质标的投标材料，包括纸质投标文件的正本、副本［以及投标文件的电子版、音视频材料、展板、样品（及其辅助材料）］。

有的招标文件只要求提供投标文件的正本及其电子版，没有要求提供投标文件的副本。

有的招标文件要求提供音视频材料，如苗圃基地的实景，大米的生产车间、生产设备、管理制度，景观设计的视频，环卫车辆调度与监管平台的操作视频，教学互联网软件操作的视频。

有的招标文件要求提供展板，如景观设计的展板，售楼处和样板房装修设计的展板。

有的招标文件不仅要求提供样品，还要求提供样品的辅助材料（配套辅材或加工设备）。

> 案例 6-1：采购人拟采购一批大米。招标文件要求投标人提供一袋大米样品，并要求投标人按招标文件规定的型号提供电饭煲一个。

在上述案例中，招标文件之所以要求投标人提供同样型号的电饭煲，就是希望在同等烹饪条件下判断出哪一家投标人的米饭更佳。此外，使用同样型号的电饭煲，也比较便于匿名评审。如果投标人未提供招标文件所规定型号的电饭煲，就无法通过形式审查。

有的招标文件提供了编制投标文件的格式，要求投标人将投标文件分成资格（及资信）证明部分、技术商务部分、报价部分三个分册，且规定报价不得出现在报价分册以外的投标文件中。对此，投标人应当严格按照招标文件的要求进行编写。

2. 投标材料的数量

纸质标，若未要求投标人提供投标文件的电子版，则至少要求投标人提供一正一副的投标文件。其中，正本由招标代理机构存档，副本由招标代理机构转交采购人。为便于评审，招标文件时常要求投标人提供更多的副本。

除投标文件副本之外，招标文件要求的投标材料的份数通常不会超过1份。

3. 投标材料的形式审查与应对

对投标材料的形式审查，包括递交的投标材料密封与否的形式审查，以及解封后的形式审查，既包括对构成要素的审查，也包括对其数量的审查，还有对匿名评审部分是否进行密封或匿名处理的审查（见案例2-5）。

有的招标文件要求投标文件必须胶装，以便于对其匿名评审，或防其脱落。对此，投标人应严格遵循其规定。

如果招标文件要求投标文件的资格部分和资信部分、技术部分和（或）商务部分、报价部分分开装订，那么投标人应按照招标文件要求提供上述几部分的正本和副本。

如无须提供样品，对投标材料的形式审查也就是对投标文件的形式审查。

有的招标文件将形式审查的一部分内容作为符合性审查的内容。

在完成对招标文件的通读、细读之后，如果招标文件规定投标材料包含样品，那么要用荧光笔对样品的招标要求进行标记（标记方法见第二章）；此外，最好在投标文件中准备一张投标材料的清单，清单要列明投标材料的构成要素和数量，包括样品的型号、规格、数量等，以防止投标材料的缺漏，同时也可以提醒评委严格按照招标文件的要求对样品进行评审。

> **案例6-2**：某招标文件规定投标人须提供投标文件正本和副本。某投标人只提供了副本，即投标文件的封面上都盖了"副本"字样。由于该投标人未提供投标文件正本，故其投标被否决。

在各种货物、工程和服务的评审中，正本、副本不一致的，都是以正本为准。在上述案例中，评委没有权力，也没有义务为投标人从几份副本中指定一份正本，因为几份副本中有可能出现不一致的问题，甚至出现报价不一致的情形，此时就构成了投标人的选择性报价，而选择性报价是所有招标文件不允许的。

6.1.2　电子标形式审查巧应对

电子标有两种情形，一种是投标文件通过电子招标投标系统上传，评委依托电子招标投标系统评审；一种是投标人提供投标文件的电子版，评委依托计算机进行评审。

电子标大多不要求提供纸质投标文件，少数要求提供纸质投标文件的，也只要求提供一份纸质投标文件（以防电子招标投标系统出故障而无法进行评审），故不存在纸质投标文件特有的正副本之分的情形。

投标人应确保电子投标文件能打开（见案例2-4），以及电子投标文件的完整性。

有的电子标要求投标人将投标文件分成资格及资信证明、技术和（或）商务、报价三个部分，且规定报价不得出现在报价分册以外的投标文件中。对此，投标人应当严格按照招标文件的要求进行编写、传输和在线填写。

凡是电子标中要提供的证明材料（如营业执照）或承诺函（或声明函），投标人应在整个投标文件中使用原件而非复印件的扫描件，此要求以下不再重复。

有的招标文件将部分形式审查的内容作为符合性审查的内容，投标人仍应逐一响应。

6.2 资格审查巧应对

资格审查涉及基本资格（也称法定资格）的审查、专业资格的审查（若有要求）、投标函的审查、投标保证金的审查（若有要求）。有的将投标保证金的审查作为形式审查的部分。

6.2.1 基本资格审查巧应对

1. 投标人身份证明巧应对

投标人为个人的，应为18周岁以上的成年人，且为完全民事行为能力人，可以独立实施民事法律行为，应提供其身份证正反面证明，且应确保身份证在有效期内。

投标人为个体户、营利法人（如有限公司、股份公司）、非法人组织（如个人独资企业、合伙企业）的，应提供营业执照证明。

投标人为非营利性机构（事业单位、社会团体、基金会、社会服务机构）的，应提供事业法人证书、民办非企业单位或社团登记证书证明。

投标人无论是个人还是机构，无论是营利机构还是非营利性机构，都应确保证书和证明的有效性。

有的招标文件要求参与投标的企业，若营业执照无经营范围的，应提供商事主体登记及信用信息公示平台上的营业范围的截图，若投标人未提供该截图，那么资格审查就无法通过（见案例2-8）。

对是否需要提供营业范围截图，往往因招标文件而异，因而对于投标人而言，比较好的策略是每次都提供营业范围截图，尤其对于投标非常频繁的投标人而言更是如此。

对于允许联合体投标且以联合体投标的，投标人应提供联合体牵头单位以及所有联合体成员的身份证明。

常要求投标人填写的身份类型信息模板如下：

营业执照等证明文件

致：＿＿＿＿＿＿

（　）投标人为法人（包括企业、事业单位和社会团体）的

现附上由＿＿＿＿＿＿（填写"签发机关全称"）签发的我方统一社会信用代码＿＿＿＿＿＿（请填写法人的具体证照名称）复印件，该证明材料真实有效，否则我方负全部责任。

（　）投标人为非法人（包括其他组织、自然人）的

□ 现附上由＿＿＿＿＿＿（填写"签发机关全称"）签发的我方＿＿＿＿＿＿（请填写非自然人的非法人的具体证照名称）复印件，该证明材料真实有效，否则我方负全部责任。

□ 现附上由＿＿＿＿＿＿（填写"签发机关全称"）签发的我方＿＿＿＿＿＿（请填写自然人的身份证件名称）复印件，该证明材料真实有效，否则我方负全部责任。

注意：

1. 请投标人按照实际情况编制填写，在相应的（　）中打"√"并选择相应的"□"（若有）后，再按照本格式的要求提供相应证明材料的复印件。

2. 投标人为企业的，提供有效的营业执照复印件；投标人为事业单位的，提供有效的事业单位法人证书复印件；投标人为社会团体的，提供有效的社会团体法人登记证书复印件；投标人为合伙企业、个体工商户的，提供有效的营业执照复印件；投标人为非企业专业服务机构的，提供有效的执业许可证等证明材料复印件；投标人为自然人的，提供有效的自然人身份证件复印件；其他投标人应按照有关法律、法规和规章规定，提供有效的相应具体证照复印件。

3. 投标人提供的相应证明材料复印件均应符合：内容完整、清晰、整洁，并由投标人加盖其单位公章。

投标人：＿＿＿＿＿＿＿＿（全称并加盖单位公章）

投标人代表签字：＿＿＿＿＿＿＿＿

日期：　　年　　月　　日

2. 授权委托书巧应对

所有招标文件都会规定，若被授权人不是法定代表人，应提交由法定代表人的授权委托书原件（电子招标投标允许使用扫描件，原件备查）。

招标文件大多会提供授权委托书的格式，投标人应按照其格式填写。若没有提供，应细读招标文件对授权委托书的要求。对授权委托书的要求有以下几种情形：

（1）授权范围的界定　有的招标文件明确规定不得转委托（以防日后有法律纠纷），此时，投标人在授权委托书中要明确不得转委托。

案例6-3：某招标投标项目，要求被授权人不得转委托，某投标人提供的授权委托书未声明不得转委托，其资格审查未能通过。

（2）授权委托书的构成　有的招标文件明确规定，必须提供授权人和被授权人的有效身份证明，若未提供，则无法通过资格审查（见案例2-9）。

案例6-4：某招标投标项目，某投标人按照招标文件的格式提供了授权委托书及授权人和被授权人双方的身份证复印件。但被授权人的身份证复印件显示已过有效期，故其资格审查未能通过。

读者也许会很困惑，难道身份证已过期，就不能使用吗？其实道理很简单，如果去银行办手续，若身份证过期，所有需要身份证办理的业务都无法办理。如果采购人接受过期的身份证，日后一旦投标人反悔不认账，那采购人就会非常被动。其实不仅身份证过期不能澄清，其他证书或证明过期了，也不能澄清——投标人是无权主动澄清的，评标委员会也不得接受投标人的主动澄清。

被授权人的有效身份证明是必要项，而授权人的有效身份证明是否需要往往因招标文件而异，因而对于投标人而言，比较好的策略是每次都提供授权人的有效身份证明，尤其对于投标非常频繁的投标人而言更是如此。

（3）被授权人的资格　有的招标文件规定被授权人必须是本单位的员工，需要提供社保证明。

（4）自我授权　有的招标文件规定，法定代表人未向他人授权时，应在授权委托书的位置附上法定代保人的身份证正反面复印件。

单位负责人授权书的通用模板如下：

单位负责人授权书（若有）

致：＿＿＿＿＿＿＿＿＿＿

我方的单位负责人＿＿＿＿＿＿＿＿＿（填写单位负责人全名）授权＿＿＿＿＿＿＿＿＿＿＿（填写投标人代表全名）为投标人代表，代表我方参加＿＿＿＿＿＿＿＿＿（填写"项目名称"）项目（招标编号：＿＿＿＿＿＿＿＿＿）的投标，全权代表我方处理投标过程的一切事宜，包括但不限于投标、参加开标、谈判、澄清、签约等。投标人代表在投标过程中所签署的一切文件和处理与之有关的一切事务，我方均予以认可并对此承担责任。

投标人代表无转委权。

特此授权。

单位负责人：＿＿＿＿＿＿＿＿　身份证号：＿＿＿＿＿＿＿＿　手机：＿＿＿＿＿＿＿＿

投标人代表：＿＿＿＿＿＿＿＿　身份证号：＿＿＿＿＿＿＿＿　手机：＿＿＿＿＿＿＿＿

授权方　　　　　　　　　　　　　　　　接受授权方

投标人：＿＿＿＿＿＿＿＿＿＿（全称并加盖公章）投标人代表签字：＿＿＿＿＿＿＿＿＿

单位负责人签字或盖章：＿＿＿＿＿＿＿＿＿

签署日期：　　年　月　日

附：单位负责人、投标人代表的身份证正反面复印件

要求：真实有效且内容完整、清晰、整洁。

注意：

1. 企业（银行、保险、石油石化、电力、电信等行业除外）、事业单位和社会团体法人的"单位负责人"是指法定代表人，即与实际提交的"营业执照等证明文件"载明的一致。

2. 银行、保险、石油石化、电力、电信等行业：以法人身份参加投标的，"单位负责人"是指法定代表人，即与实际提交的"营业执照等证明文件"载明的一致；以非法人身份参加投标的，"单位负责人"是指代表单位行使职权的主要负责人，即与实际提交的"营业执照等证明文件"载明的一致。

3. 投标人（自然人除外）：若投标人代表为单位负责人授权的委托代理人，应提供本授权书；若投标人代表为单位负责人，应在此项下提交其身份证的正反面复印件，可不提供本授权书。

4. 投标人为自然人的，可不填写本授权书。

5. 纸质投标文件正本中的本授权书（若有）应为原件。

若招标文件提供了上述授权书模板，则投标人必须同时提供授权人（单位负责人）和被授权人（投标人代表）的身份证正反面复印件。

3. 财务状况报告巧应对

以政府部门、事业单位（包括参公单位）为采购人的招标项目，通常要求投标人提供

经审计或包含四表一注的财务报告，银行资信证明或政府采购专业担保机构的担保函。财务报告的"四表一注"是指资产负债表、损益表（利润表）、现金流量表、所有者权益变动表和会计报表附注。

如果投标人单位成立年限满半年但不足 1 年，只需要提供季度或半年度的财务报告、银行资信证明或政府采购专业担保机构的担保函。

（1）财务会计报告的构成与应对　年度、半年度的财务会计报告由会计报表及其附注和财务情况说明书构成，该会计报表包括资产负债表、损益表（也称为利润表）、现金流量表及相关附表。季度、月度财务会计报告通常仅是指会计报表，该会计报表至少应当包括资产负债表和损益表。显然，如果只有会计报表，没有附注，那就不是一个完整的财务会计报告；如果缺少了资产负债表或损益表，那就连会计报表都谈不上了。

1）资产负债表。资产负债表表示企业在某一特定日期（通常为各会计期末）的财务状况（即资产、负债和所有者权益或股东权益的状况）的主要会计报表。其中，资产依据流动性大小分为流动资产（包括货币资金、交易性金融资产、预付款项和应收账款、票据、利息、股利等）、长期投资、固定资产、无形资产及其他资产；负债也按流动性大小分为流动负债（包括短期借款、交易性金融负债、预收款项、应交税费和应付账款、票据、利息、股利、职工薪酬等）、长期负债等；所有者权益主要包括实收资本、资本公积、盈余公积和未分配利润。

由于既可以通过对资产负债表中的净资产期末数与期初数进行比较，计算出当年的利润数额，也可以通过对货币资金的期初和期末余额增减变化，计算出当年的现金及现金等价物净增加额，因而资产负债表是财务报表中的主表，换言之，损益表和现金流量表可以视作资产负债表的附表。

2）损益表。损益表，是用以反映公司在一定期间的经营成果（利润实现或发生亏损）的会计报表，是一张动态报表。它通常包括五大项：营业收入、营业利润、利润总额、净利润、每股收益。其中：

营业收入 = 主营业务收入 + 其他业务收入

营业利润 = 营业收入 - 营业成本 - 营业税金及附加 - 销售费用 - 管理费用 - 财务费用 - 资产减值损失 + 公允价值变动收益 + 投资收益

其中：营业成本 = 主营业务成本 + 其他业务支出

利润总额 = 营业利润 + 营业外收入 - 营业外支出

净利润（即税后利润）= 利润总额（即税前利润）- 所得税费用

损益表的数据直接影响到相关各方的利益，如国家税收、员工报酬、股东股利，故该表在财务报表中占据特殊位置。由于损益表反映的信息并不全面，损益数值与计量会受到所用的会计方法、估计的影响，因而损益表不是财务报表的主表。

3）现金流量表。现金流量表是反映企业在一定会计期间现金和现金等价物流入和流出的会计报表，以收付实现制为编制基础。许多企业经营的中断乃至破产源于资金的周转不灵，现金流量表因此受到重视，与资产负债表、损益表并列为三大财务报表。

现金流量由经营、投资和筹资三类活动产生。其中，经营活动产生的现金流量包括销售商品、提供劳务、经营租赁等收到的现金，购买商品、接受劳务、广告宣传、交纳税金等支付的现金；投资活动产生的现金流量包括收回投资、取得投资收益、处置长期资产等收到的现金，购建固定资产、在建工程、无形资产等长期资产和对外投资等支付的现金；筹资活动产生的现金流量包括接受投资、借入款项、发行债券等收到的现金，偿还借款、偿还债券、支付利息、分配股利等支付的现金等。

现金流量表的现金净流量和损益表的利润是从不同角度反映企业业绩的指标，前者称为现金制利润，后者称为应计制利润。通过经营活动的现金净流量与净利润比较，能在一定程度上反映企业利润的质量。通过销售商品、提供劳务收到的现金与主营业务收入比较，能大致说明企业销售回收现金的情况及企业销售的质量。通过分得股利或利润及取得债券利息收入所得到的现金与投资收益比较，能大致反映企业账面投资收益的质量。通过现金流量表的有关指标与资产负债表有关指标的比较，可以更为客观地评价企业的偿债能力、盈利能力和支付能力。

> **案例 6-5**：某项目招标文件规定投标人须提供包含资产负债表、损益表和现金流量表的年度财务报告。某投标人只提供了资产负债表、损益表，未提供现金流量表，故被废标。该投标人辩称可以从资产负债表导出现金流量表。

在上述案例中，评标委员会没有时间，也没有义务，更无权力为该投标人导出现金流量表。如前文所述，年度财务报告包含了会计报表等内容，而会计报表又包含了资产负债表、现金流量表等内容，因而即使招标文件没有明确指出需要现金流量表，但只要招标文件要求投标人提供完整的年度财务报告作为资格审查的要求，那么遗漏了现金流量表的投标文件就会被否决。

4）所有者权益变动表。所有者权益变动表也称为股东权益变动表，是指反映构成所有者权益的各组成部分当期的增减变动情况的报表。所有者权益变动表包括净利润，直接计入所有者权益的利得和损失项目及其总额，会计政策变更和差错更正的累积影响金额，所有者投入资本和向所有者分配利润等，按照规定提取的盈余公积，实收资本（或股本）、资本公积、盈余公积、未分配利润的期初和期末余额及其调节情况。

政府采购中，往往不需要小微企业提供所有者权益变动表。

> **案例 6-6**：某政府采购项目，招标文件规定投标人须提供包含资产负债表、损益表、现金流量表和所有者权益变动表的年度财务报告；小微企业可以不提供所有者权益变动表。某投标人只提供了资产负债表、损益表和现金流量表，未提供所有者权益变动表，也未提供小微企业的证明或声明，故被废标。

5）会计报表附表。会计报表附表是反映企业财务状况、经营成果和现金流量的补充报表，主要包括利润分配表以及会计制度规定的其他附表。其中，利润分配表是反映企业一定会计期间对实现净利润以及以前年度未分配利润的分配或者亏损弥补的报表。

6）会计报表附注。会计报表附注是指对在会计报表中列示项目所做的进一步说明，以及对未能在这些报表中列示项目的说明，是为便于会计报表使用者理解会计报表的内容而对会计报表的编制基础、编制依据、编制原则和方法及主要项目等所做的解释。

会计报表附注至少应包括不符合基本会计假设的说明，重要会计政策和会计估计及其变更情况、变更原因及其对财务状况和经营成果的影响，或有事项和资产负债表日后事项的说明，关联方关系及其交易的说明，重要资产转让及其出售情况，企业合并、分立，重大投资、融资活动，会计报表中重要项目的明细资料，有助于理解和分析会计报表需要说明的其他事项。

> **案例 6-7：**某政府采购项目规定投标人须提供包含资产负债表、损益表、现金流量表和所有者权益变动表及其附注的财务报告。部分投标人没有提供会计报表附注，故被废标。

在上述案例中，之所以时常有投标人在投标文件的财务报告中未提供会计报表附注，只提供了会计报表，就是因为编制投标文件的员工对财务不熟悉，不知道年度财务报告究竟要包含哪些内容。实际上，编制投标文件的员工只要把招标文件的相关要求给会计，就不会出现上述差错了。

7）财务情况说明书。财务情况说明书是对企业一定时期内财务情况进行分析总结的书面文字报告。财务情况说明书包括企业生产经营的基本情况，利润实现和分配情况，资金增减和周转情况，对企业财务状况、经营成果和现金流量有重大影响的其他事项。

常要求投标人填写的财务状况报告类型模板如下：

财务状况报告（财务报告、资信证明或投标担保函）

致：＿＿＿＿＿＿＿

（　　）投标人提供财务报告的

□企业适用：现附上我方＿＿＿＿＿＿＿（填写"具体的年度、半年度或季度"）财务报告复印件，包括资产负债表、利润表、现金流量表、所有者权益变动表（若有）及其附注（若有），上述证明材料真实有效，否则我方负全部责任。

□事业单位适用：现附上我方＿＿＿＿＿＿＿（填写"具体的年度、半年度或季度"）财务报告复印件，包括资产负债表、收入支出表（或收入费用表）、财政补助收入支出表（若有），上述证明材料真实有效，否则我方负全部责任。

□社会团体适用：现附上我方＿＿＿＿＿＿＿（填写"具体的年度、半年度或季度"）财务报告复印件，包括资产负债表、业务活动表、现金流量表，上述证明材料真实有效，否则我方负全部责任。

（　　）投标人提供资信证明的

□非自然人适用（包括企业、事业单位、社会团体和其他组织）：现附上我方银行：＿＿＿＿＿＿＿（填写"基本账户开户银行全称"）出具的资信证明复印件，上述证明材料真实有效，否则我方负全部责任。

□自然人适用：现附上我方银行：＿＿＿＿＿＿＿（填写自然人的"个人账户的开户银行全称"）出具的资信证明复印件，上述证明材料真实有效，否则我方负全部责任。

（　　）投标人提供投标担保函的

现附上由财政部门认可的政府采购专业担保机构：＿＿＿＿＿＿＿（填写"担保机构全称"）出具的投标担保函复印件，上述证明材料真实有效，否则我方负全部责任。

注意：

1.请投标人按照实际情况编制填写，在相应的（　　）中打"√"并选择相应的"□"（若有）后，再按照本格式的要求提供相应证明材料的复印件。

2.投标人提供的财务报告复印件（成立年限按照投标截止时间推算）应符合下列规定：

1）成立年限满 1 年及以上的投标人，提供经审计的上一年度的年度财务报告。

2）成立年限满半年但不足 1 年的投标人，提供该半年度中任一季度的季度财务报告或该半年度的半年度财务报告。

无法按照本格式第 1）、2）条规定提供财务报告复印件的投标人（包括但不限于：成立年限满 1 年及以上的投标人、成立年限满半年但不足 1 年的投标人、成立年限不足半年的投标人），应按照本格式的要求选择提供资信证明复印件或投标担保函复印件。

3. 财政部门认可的政府采购专业担保机构应符合《财政部关于开展政府采购信用担保试点工作方案》（财库〔2011〕124 号）的规定。

4. 投标人提供的相应证明材料复印件均应符合：内容完整、清晰、整洁，并由投标人加盖其单位公章。

投标人：＿＿＿＿＿＿＿（全称并加盖单位公章）

投标人代表签字：＿＿＿＿＿＿＿

日期： 年 月 日

（2）审计报告的构成与应对 审计报告正文包括审计意见，形成审计意见的基础，管理层和治理层对财务报表的责任，注册会计师对财务报表审计的责任，按照相关法律法规的要求需要报告的事项（如有），注册会计师的签名和盖章，会计师事务所的名称、地址和盖章，报告日期。

> **案例 6-8**：在一次政府采购中，某投标人提供了审计报告，并附上了会计师事务所的营业执照复印件和注册会计师的证书复印件，后者显示执业资格的有效期已过，故被废标。该投标人就此提出质疑，质疑被驳回后，该投标人就此投诉。

之所以出现上述有效期已过的问题，主要是会计师事务所未提供注册会计师的执业资格的最新年检资料，或者存在时间差，出具审计报告时没有过期，但到评标时就过期了。

事实上，根据相关的规定，注册会计师的执业资格证明不是一个完整的审计报告的组成部分，也就是说，所提供的执业资格证明尽管显示有效期已过，但不能成为废标的事由。

有的将经营年限和注册资金作为评分项（目前的政府采购已不允许），所提供的会计师事务所的营业执照证明上的经营年限和注册资金有可能被误认为投标人的经营年限和注册资金，若投标人提供上述材料，应做明显的标记。实际上，根据奥卡姆剃刀原则——无需则减。

审计报告常在次年第一季度出具，如果采购项目是在或延至元旦后进行招标，投标人若无法获取审计报告，则应采用其他方法（如银行资信证明）加以应对，否则会导致废标（见案例 2-10）。

如果投标人提供银行资信证明，应提供其基本账户所在银行出具的资信证明。

如果采购项目改由国有企业为代采代建单位，有的招标文件就不会要求提供财务报告。

小额的政府采购项目，有的招标文件规定可以采用承诺函的方式，参见第 2 章。若采用承诺函，应在纸质标的正本中提交原件；应在电子标中提交原件的扫描件。

4. 缴纳税收证明巧应对

投标人应按照招标文件的要求提交缴纳税收的证明材料，尤其是要符合招标文件规定的时限要求，否则无法通过资格审查（见案例 2-11）。

　　投标人提供的依法缴纳税收的证明材料不应该有欠缴记录，否则有可能被视为未依法缴纳税收（根据招标文件要求而定）。

　　投标人刚成立还无法缴交税收的，应提供相应的证明，或按照招标文件的要求提供承诺书。

　　投标人依法免税的，应提供依法免税的证明。

　　小额的政府采购项目，有的招标文件规定可以采用承诺函的方式，参见第2章。若采用承诺函，应在纸质标的正本中提交原件；应在电子标中提交原件的扫描件。

　　常要求投标人填写的依法缴纳税收说明的模板如下：

依法缴纳税收证明材料

致：_____

　　1. 依法缴纳税收的投标人

　　（　）法人（包括企业、事业单位和社会团体）的

　　现附上自　　年　　月　　日至　　年　　月　　日期间我方缴纳的_____（按照投标人实际缴纳的税种名称填写，如增值税、所得税等）税收凭据复印件，上述证明材料真实有效，否则我方负全部责任。

　　（　）非法人（包括其他组织、自然人）的

　　现附上自　　年　　月　　日至　　年　　月　　日期间我方缴纳的_____（按照投标人实际缴纳的税种名称填写）税收凭据复印件，上述证明材料真实有效，否则我方负全部责任。

　　2. 依法免税的投标人

　　（　）现附上我方依法免税证明材料复印件，上述证明材料真实有效，否则我方负全部责任。

　　注意：

　　1. 请投标人按照实际情况编制填写，在相应的（　）中打"√"，并按照本格式的要求提供相应证明材料的复印件。

　　2. 投标人提供的税收凭据复印件应符合下列规定：

　　1）投标截止时间前（不含投标截止时间的当月）已依法缴纳税收的投标人，提供投标截止时间前六个月（不含投标截止时间的当月）中任一月份的税收凭据复印件。

　　2）投标截止时间的当月成立且已依法缴纳税收的投标人，提供投标截止时间当月的税收凭据复印件。

　　3）投标截止时间的当月成立但因税务机关原因导致其尚未依法缴纳税收的投标人，提供依法缴纳税收承诺书原件（格式自拟），该承诺书视同税收凭据。

　　3. 依法缴纳税收证明材料有欠缴记录的，视为未依法缴纳税收。

　　4. 投标人提供的相应证明材料复印件均应符合：内容完整、清晰、整洁，并由投标人加盖其单位公章。

投标人：_____（全称并加盖单位公章）

投标人代表签字：_____

日期：　　年　　月　　日

5. 缴纳社会保障资金证明巧应对

投标人应按照招标文件的要求提交缴纳社会保障资金的证明材料，尤其是要符合招标文件规定的时限要求，否则无法通过资格审查（见案例2-11）。

投标人提供的依法缴纳社会保障资金的证明材料不应该有欠缴记录，否则有可能被视为未依法缴纳社会保障资金（根据招标文件要求而定）。

投标人刚成立还无法缴交社会保障资金的，应提供相应的证明，或按照招标文件的要求提供承诺书。

> **案例6-9**：某政府采购项目，投标人未提供社保缴交证明，故资格审查未能通过。该投标人辩称人员已经退休，故未缴交社保。

在上述案例中，如果投标人缴交社保的人员已经退休，那投标人应提交原有的社保缴交证明以及该退休人员的退休证、续签的劳动合同。

小额的政府采购项目，有的招标文件规定可以采用承诺函的方式，参见第2章。若采用承诺函，应在纸质标的正本中提交原件；应在电子标中提交原件的扫描件。

常要求投标人填写的依法缴纳社会保障资金说明的模板如下：

依法缴纳社会保障资金证明材料

1. 依法缴纳社会保障资金的投标人

（　）法人（包括企业、事业单位和社会团体）的

现附上自　年　月　日至　年　月　日我方缴纳的社会保险凭据（限：税务机关/社会保障资金管理机关的专用收据或社会保险缴纳清单，或社会保险的银行缴款收讫凭证）复印件，上述证明材料真实有效，否则我方负全部责任。

（　）非法人（包括其他组织、自然人）的

自　年　月　日至　年　月　日我方缴纳的社会保险凭据（限：税务机关/社会保障资金管理机关的专用收据或社会保险缴纳清单，或社会保险的银行缴款收讫凭证）复印件，上述证明材料真实有效，否则我方负全部责任。

2. 依法不需要缴纳社会保障资金的投标人

（　）现附上我方依法不需要缴纳社会保障资金证明材料复印件，上述证明材料真实有效，否则我方负全部责任。

注意：

1. 请投标人按照实际情况编制填写，在相应的（　）中打"√"，并按照本格式的要求提供相应证明材料的复印件。

2. 投标人提供的社会保险凭据复印件应符合下列规定：

1）投标截止时间前（不含投标截止时间的当月）已依法缴纳社会保障资金的投标人，提供投标截止时间前六个月（不含投标截止时间的当月）中任一月份的社会保险凭据复印件。

2）投标截止时间的当月成立且已依法缴纳社会保障资金的投标人，提供投标截止时间当月的社会保险凭据复印件。

3）投标截止时间的当月成立但因税务机关/社会保障资金管理机关原因导致其尚未依法缴纳社会保障资金的投标人，提供依法缴纳社会保障资金承诺书原件（格式自拟）。

该承诺书视同社会保险凭据。

3. 依法缴纳社会保障资金证明材料有欠缴记录的，视为未依法缴纳社会保障资金。

4. 投标人提供的相应证明材料复印件均应符合：内容完整、清晰、整洁，并由投标人加盖其单位公章。

投标人：＿＿＿＿＿＿＿＿（全称并加盖单位公章）

投标人代表签字：＿＿＿＿＿＿＿＿

日期：　年　月　日

6. 合法经营证明巧应对

有的招标文件要求提供参加采购活动前三年内在经营活动中没有重大违法记录书面声明，模板如下：

参加采购活动前三年内在经营活动中没有重大违法记录书面声明（模板）

致：＿＿＿＿＿＿＿＿

参加采购活动前三年内，我方在经营活动中没有重大违法记录，也无行贿犯罪记录，否则产生不利后果由我方承担责任；同意招标人不予退还投标保证金；接受行政部门的依法处罚，如投标保证金不能弥补我方对招标人造成的损失，则同意另行支付相应的赔偿；赔偿因违反该声明行为而致其他当事人造成的经济损失。特此声明。

注意：

1. "重大违法记录"是指投标人因违法经营受到刑事处罚或责令停产停业、吊销许可证或执照、较大数额罚款等行政处罚。

2. 纸质投标文件正本中的本声明应为原件。

3. 请投标人根据实际情况如实声明，否则视为提供虚假材料。

投标人：＿＿＿＿＿＿＿＿（全称并加盖单位公章）

投标人代表签字：＿＿＿＿＿＿＿＿

日期：　年　月　日

有的招标文件要求投标人提供检察机关行贿犯罪档案查询结果告知函，若无法提供有效期内检察机关行贿犯罪档案查询结果告知函的，则要求投标人对近三年无行贿犯罪记录进行声明。

若有上述要求，投标人应如实填写。投标人若没有如实填写或提供了其他的虚假证明，如果没有中标，那么没有任何意义，如果中标，极大概率会被同行举报（见案例2-22），这样非但不能中标，还可能被处罚。

提交上述合法经营的声明时，应在纸质标的正本中提交原件；应在电子标中提交原件的扫描件。

7. 信用证明巧应对

有的招标文件要求投标人提供"信用中国"等网站的信用截图证明，有的对上述信用证明还有时限的要求，即需提供在投标截止前几天内的查询截图。信用记录查询结果的常见模板如下：

信用记录查询结果（模板）

致：＿＿＿＿＿＿＿

现附上截至　　年　　月　　日　时我方通过"信用中国"网站获取的我方信用信息查询结果＿＿＿＿＿＿（填写具体份数）份、通过中国政府采购网获取的我方信用信息查询结果＿＿＿＿＿＿（填写具体份数）份，上述信用信息查询结果真实有效，否则我方负全部责任。

注意：

投标人应在招标文件要求的截止时点前分别通过"信用中国"网站、中国政府采购网查询并打印相应的信用记录，投标人提供的查询结果应为其通过上述网站获取的信用信息查询结果原始页面的打印件（或截图）。

投标人：＿＿＿＿＿＿＿（全称并加盖单位公章）

投标人代表签字：＿＿＿＿＿＿＿

日期：　　年　　月　　日

有的招标文件还要求查询当地的信用网站（见案例2-12）。

有的招标文件不要求投标人自行提供上述信用证明，而是由采购人和（或）招标代理机构和（或）评委在开标后进行查证。如果投标人搞不清楚是否一定要提供上述信用截图证明，那就要按照要求提供。

无论是否要由投标人自行提供上述信用证明，投标文件的编写人都要清楚本单位是否有信用不良的记录，如果在处罚期限内，就要放弃投标，因为一旦中标，同行一定会举报（见案例2-12）。

8. 履约证明巧应对

有的招标文件要求投标人提供具备履行合同所必需设备和专业技术能力的证明，或其声明函原件。

如果招标文件允许使用声明函，那么使用声明函为上策，因为必需的设备有时不好界定，即使容易界定，提供时也会比较麻烦。提交上述声明函时，应在纸质标的正本中提交原件；应在电子标中提交原件的扫描件。

案例6-10：某室外作业的政府采购，招标文件要求投标人提供具备履行合同所必需设备和专业技术能力的证明或其声明函原件。某投标人只列出了计算机等室内办公设备，无室外作业的设备、工具清单或其发票，也没有提供具备履行合同所必需设备和专业技术能力的声明函，故其资格未能通过。

有的招标文件提供了具备履行合同所必需设备和专业技术能力的承诺书，模板如下：

具备履行合同所必需设备和专业技术能力的承诺书（模板）

致：＿＿＿＿＿＿＿

我司承诺：具备履行＿＿＿＿＿＿＿（项目名称）所必需的设备和专业技术能力（表1、表2）。

表 1　我方具备履行合同所必需的设备

序号	设备名称	品牌或厂家	规格型号	数量	购置或租赁时间	购置金额或租金	主要用途	备注

表 2　我方具备履行合同所必需的专业技术人员

序号	姓名	学历	职务	职称	专业工作年限	岗位资格证明			
						证书名称	级别	证号	专业

投标人：＿＿＿＿＿＿＿＿（全称并加盖单位公章）

投标人代表签字：＿＿＿＿＿＿＿

日期：　　年　　月　　日

9. 联合体基本资格巧应对

有的招标文件允许投标人以联合体方式投标，此时联合体的牵头方和参与方均须按上述方法提交资格审查材料。

案例6-11：某政府采购允许联合体投标，招标文件要求投标人提供营业执照，营业执照没有经营范围的，应提供商事主体登记及信用信息公示平台上的营业范围的截图。某投标联合体只提供了联合体成员的营业执照（该营业执照无营业范围），没有提供其商事主体登记及信用信息公示平台上的营业范围的截图，故其资格未能通过。

投标联合体应按照招标文件提供的格式填写联合体授权书。联合体授权书范本如下：

联合体授权书

本授权委托书声明：＿＿＿＿、＿＿＿＿、＿＿＿＿（联合体成员的法定代表人的姓名）系注册于＿＿＿＿、＿＿＿＿、＿＿＿＿（联合体成员的注册地址）的＿＿＿＿、＿＿＿＿、＿＿＿＿（联合体成员单位名称）法定代表人，现代表本公司授权＿＿＿＿（联合体牵头人单位名称）代表联合体各成员单位参加＿＿＿＿（项目名称）方案设计项目（招标编号为＿＿＿＿）的投标活动。

＿＿＿＿（联合体牵头人单位名称）被授权代表＿＿＿＿、＿＿＿＿、＿＿＿＿（联合体成员单位名称）承担责任和接受指示。在本次投标、中标后合同实施中（包括支付），所签署的一切文件和处理的一切有关事宜，联合体各成员单位均予以承认。

按招标文件条件，联合体成员单位与联合体牵头人就本次投标、中标后的合同实施承担连带责任。

本授权书于＿＿＿＿年＿＿＿＿月＿＿＿＿日签字生效，特此声明。

联合体牵头人：＿＿＿＿（盖章）法定代表人：＿＿＿＿（签字或公章）

联合体成员：＿＿＿＿（盖章）法定代表人：＿＿＿＿（签字或公章）

联合体成员：＿＿＿＿（盖章）法定代表人：＿＿＿＿（签字或公章）

联合体成员：＿＿＿＿（盖章）法定代表人：＿＿＿＿（签字或公章）

根据《民法典》，二人以上依法承担连带责任的，权利人有权请求部分或者全部连带责任人承担责任。连带责任人的责任份额根据各自责任大小确定；难以确定责任大小的，平均承担责任。实际承担责任超过自己责任份额的连带责任人，有权向其他连带责任人追偿。因而，对甲方而言，要求投标人联合体牵头人和成员承担连带责任，是降低甲方风险的合情、合理、合法的有效手段。

> 案例 6-12：某招标投标项目，投标人联合体未按照招标文件的格式提供联合体授权书，即删除了联合体牵头人和成员承担连带责任的表述，故资格审查未通过。

如果招标文件没有提供范本，那么联合体授权书应体现联合体所有成员就本次投标、中标后的合同实施承担连带责任，否则有可能被认为是无效的联合体授权书。

投标人提交联合体（分工）协议、联合体授权书时，应在纸质标的正本中提交原件；在电子标中提交原件的扫描件。

6.2.2 专业（行业）资格审查巧应对

专业（行业）资格审查涉及单位和（或）个人的资质等级、业绩，单位的硬件（设备、场所）。例如，食材供应不仅涉及单位的食品生产（经营）许可证，也涉及个人的健康证。又如，建筑行业设计项目涉及单位的工程设计资质证书，以及个人的注册建筑师资格，施工项目涉及单位的工程施工资质证书，以及个人的注册建造师资格。

1. 单位专业（行业）资格审查巧应对

如果招标文件要求投标人提供单位专业（行业）资格证书，投标人应确保提供的资格证书的类别符合要求，且处于有效期内。

（1）资格类别 矿山企业、建筑施工企业和危险化学品、烟花爆竹、民用爆炸物品生产企业应具备安全生产许可证。

有的招标文件要求提供某些证书证明的网络截图。食品生产许可证、工业产品许可证、特种设备许可证、化妆品生产许可证均可以在全国工业产品生产许可证公示查询系统查询。

（2）资格有效期 资格往往具有有效期，例如图书销售的出版物经营许可证，需要每年一检。

（3）资质等级 若涉及资质等级要求，还应符合相关要求。例如，建筑企业资质分为施工总承包、专业承包和劳务分包三个序列。其中，企业施工总承包的资质分为 12 类（各类分为不同等级）：

1）房屋建筑工程、公路工程、铁路工程、水利水电工程、电力工程、矿山工程、市政公用工程、石油化工工程、港口与航道工程、冶炼工程 10 类均分为 4 个等级：特级、一级、二级、三级。

2）通信工程、机电工程均分为 3 个等级：一级、二级、三级。

（4）联合体的资质等级 组成联合体投标的，以往资质等级按照就低不就高的原则来确定，由于早期的法律比较笼统，就会出现这样的情形：例如，投标人甲具有 A 类的甲级资质证书和 B 类的乙级资质证书，投标人乙具有 A 类的乙级资质证书和 B 类的甲级资质证书，那么由投标人甲和投标人乙组成的联合体 X 的资质等级为 A 类乙级、B 类乙级；投标人丙均无 A 类和 B 类的资质证书，那么投标人甲和投标人丙组成的联合体 Y 的资质等级应如何确定呢?

如果将联合体 Y 的资质等级同样按照就低不就高的方式来确定,那么联合体 Y 就不存在 A 类和 B 类的资质等级了,就逻辑而言,联合体就没有存在的必要了;如果将联合体 Y 的资质等级定为 A 类甲级、B 类乙级,这样就比联合体 X 的 A 类乙级、B 类乙级的资质等级要高,这显然不符合常理。

就此,相关法规做了细化——"联合体中有同类资质的供应商按照联合体分工承担相同工作的,应当按照资质等级较低的供应商确定资质等级"。

因而,联合体各方应在联合体协议中明确各方的职责,避免因联合体成员承担相同工作或被视作承担相同工作而被确定为资质等级较低的投标联合体。

案例 6-13:某招标投标项目要求较高的资质等级,投标人联合体提供了不同成员的不同等级的资质证书证明,由于未在联合体协议中约定分工,其联合体的资质按照较低等级确定,故资格审查未通过。

2. 员工职业资格、职称审查巧应对

(1) 员工职业资格审查巧应对

1) 从业资格和执业资格。职业资格包括从业资格(如教师从业资格)和执业资格(如医生执业资格、律师执业资格)。从业资格是政府规定技术人员从事某种专业技术性工作的学识、技术和能力的基本条件,可通过学历认定或考试取得;而执业资格是政府对某些责任重大、社会通用性强、涉及公共利益的专业技术性工作实行的准入控制,是专业技术人员依法独立从事某种专业技术工作或独立开业的学识、技术和能力的必备条件,只能通过全国统考取得。

职业资格证书也相应分为从业资格证书和执业资格证书两种。执业资格实行注册登记制度,取得执业资格证书后,须在规定的期限内到指定的注册管理机构办理注册登记手续。所取得的执业资格经注册后,在全国范围内有效。

案例 6-14:某工程施工项目,要求项目负责人拟派人选为注册建造师,某投标人在投标文件中只为项目负责人拟派人选提供了建造师的证明,未提供其注册建造师的证明,故未通过资格审查。

建造师证盖有人力资源和建设主管部门两类行政单位的印章,而注册建造师证只盖有建设主管部门的印章,这往往令不熟悉的人认为建造师证的含金量比注册建造师的要高。实际上,注册建造师证意味着已经通过了建造师资格的考试,取得了建造师证,再由其所在公司向建设主管部门申报完成了注册。如果只有建造师证,没有注册建造师证,那就不能凭借建造师证执业。上述案例很可能是因投标文件的编写人员没搞清楚两种证的区别导致投标文件出现了重大偏差。

2) 资格有效期。很多职业资格证书都具有有效期,超出了有效期没有年检,就意味着失效,就不能凭此职业资格证书从业或执业。因而,如果可以用职称证明代替职业资格证明,那就尽量使用职称证明。

案例 6-15:某招标投标项目延期。某投标人提供的注册建造师的证明显示有效期已过。该投标文件的技术部分被否决,废标的理由是投标人未提供有效的注册建造师证明。

在上述案例中，评标委员会给出的结论非常严谨，不是说注册建造师证已经过期，而是说未提供有效的注册建造师证明。因而，投标人就注册建造师是否过期的质疑被驳回。

> 案例6-16：某招标投标项目，要求投标人配备施工员、质检员等"五大员"项目班子成员。某投标人提供的施工员证复印件显示有效期已过。评委以施工员证过期为由否决了该投标文件。该投标人投诉，认为其施工员证未过期，并提供了有效的年检证明。最终，建设管理部门认为评委的评审有瑕疵，不能就此否决该投标文件。

案例6-16的结果与案例6-15的相反，原因就在于评委给出的结论严谨与否，若不严谨，评审结果就有可能被推翻。但作为投标人，也要非常谨慎，因为管理部门的不同当事人会就同一案例给出不同的看法和处理决定，投标人唯一能完全掌控的，就是自己不要出错。

3）资质等级。很多职业资格都有资质等级，例如，一级建造师分为建筑工程、公路工程、铁路工程、民航机场工程、港口与航道工程、水利水电工程、市政公用工程、通信与广电工程、矿业工程、机电工程10个专业，二级建造师分为建筑工程、公路工程、水利水电工程、市政公用工程、矿业工程和机电工程6个专业。

（2）员工职称审查巧应对　在招标投标中，涉及技术负责人的，有的会要求拟派技术负责人具有初级以上、中级以上或副高级以上职称。笔者参加政府采购评审二十五年，发现始终有投标人分不清职称和职业资格的区别。

1）职称资格与职业资格。职称的全称是专业技术职务，一经获得，便长期有效，通常不需要年检，此时的职称证书都会盖有人力资源主管部门的印章，即由人力资源主管部门颁发。如果是单位内部的职称证书（通常没有人力资源部门的印章），可能会涉及有效期，另外，在本单位之外不一定会被承认。

凡是标有注册……的，都是职业资格，不属于职称（见案例2-13）。

如果投标文件编写人员分不清职称证书和职业资格证书，那最好的办法就是询问本单位的证书持证人。

2）职称证书与聘书。职称证书与聘书，前者表明职称通过，但并不意味着已经受聘（如评聘分离），而有聘书也不一定有相应的职称资格（如低职高聘）；此外，人力资源主管部门颁发的职称证书长期有效，而聘书都有聘用期，是由聘用单位颁发的。如果经过行政部门授权，聘书也可以视作职称证书（见案例2-13）。

3）职称的等级。职称分为初级、中级、副高级和正高级四类。

职称为助理……的，一般为初级职称，如助理工程师、助理农艺师、助理馆员、助教、助理会计师，但助理研究员为中级职称，医疗系列的医士、医师、住院医师都是初级职称。大学本科毕业后从事本本专业一年以上可以申请确认为初级职称。

初级职称证书大多没有体现专业，所以有的招标文件规定以初级职称持证人的毕业证书的专业为准。投标人在提供没有注明专业的职称证书时，一定要提供符合招标文件要求的体现专业要求的证明。

职称没有冠以助理或高级的，一般为中级职称，如工程师、农艺师、馆员、讲师、主治医师、中级会计师。初级职称之后工作满四年可以评中级职称。硕士毕业之后工作满两年可以评中级职称。早期，硕士毕业之后工作满三年可以申请确认为中级职称。

中级职称证书通常体现专业的名称，投标人在提交相关材料时，应满足招标文件的对职称专业的要求。

职称冠以副高级或高级的，一般为副高级职称，如副研究员、副教授、高级工程师、高级农艺师、高级实验师、高级会计师、中学高级教师，但小学高级教师为中级职称，而中学高级教师为副高级职称。医疗技术专业系列中冠以副主任的，都是副高级职称，如副主任医师、副主任药师、副主任中医师、副主任中药师、副主任护师、副主任检验师。

高级技师属于职业资格，在聘期间享受副高级职称待遇，但不属于职称系列。注册会计师属于职业资格，而中级会计师属于职称。

早期含有正高级职称的系列主要是研究系列、大学教学系列、医疗卫生系列，正高级职称如研究员、教授、主任医师、主任中医师。此后新增的冠以教授级或正高级的，均享受正高级待遇，如教授级高级工程师、教授级高级农艺师、正高级会计师、中小学等的正高级教师。

招标文件很少要求技术负责人为正高级职称，但在评分项中，有可能给正高级职称的人选加分。

3. 业绩审查巧应对

有的招标文件将同类业绩作为资格审查的内容（多见于设计招标等工程类招标投标）。投标人可以参照前文所提到的细读招标文件的方法标注招标文件的相关要求。

（1）业绩时间　有的招标文件只写了近三年或前三年的业绩，没有写明具体的起始时间。

近三年与近期类似，可以指过去，也可以指未来，例如，近三年的投资、业绩，既可能是指未来三年的投资、业绩，也可能是指过去三年的投资、业绩，具体要看当时的语境。近三年的战略规划往往是指未来三年的，而近三年的工作总结则是指过去三年的工作总结。

如果以现在（今天）为基准点，那么近三年就是以现在这个时间点往前或往后推；如果以今年为基准点，那么近三年往前推就是去年、前年、大前年（如近三年的财务报表），往后推就是明年、后年、大后年。

如果以投标截止时间为基准点，投标人能满足招标文件近三年的业绩要求，那么投标人可以要求招标人予以澄清，以尽可能减少竞争对手的数量。

前三年可以是指头三年，也可以是指以今年为基准点的过去的近三年，即去年、前年、大前年。显然，前三年的业绩就是指去年、前年、大前年的业绩。

有的招标文件写了起始时间，但没有写明衡量的标准，例如，从2020年1月1日起至今的业绩，这里的1月1日到底是指合同签订日期，还是指中标日期？

由于中标公示期有质疑和投诉，所以有的项目从中标到签订合同经历了漫长的时间。就合理性而言，业绩时效性的衡量方式应以合同签订时间为准。

如果以业绩为资格条件，就不得再以同类业绩作为评分内容。所以，在综合评分法中，很少将业绩作为资格条件。尤其在通用项目中，将业绩作为资格条件，有排斥或歧视投标人之嫌。

（2）业绩数量　根据《政府采购需求管理办法》，业绩情况作为资格条件时，要求供应商提供的同类业务合同一般不超过2个，并明确同类业务的具体范围。涉及政府采购政策支持的创新产品采购的，不得提出同类业务合同、生产台数、使用时长等业绩要求。

如果招标文件违反上述规定，投标人的投标因此受限，那么投标人可以根据上述规定要求招标人修改招标文件。

（3）业绩金额　业绩金额一般作为综合评分法中的评分内容，不作为资格条件，某些工程项目、PPP 项目除外。

如果将业绩金额作为资格条件，对于项目有可能由中小企业单独完成的，那么有排斥和歧视投标人之嫌。

> 案例 6-17：举报人反映，招标公告要求供应商"2013～2015 年须具有 1 个（含）以上合同金额在 100 万元（含）以上物业管理服务"的业绩，属于以不合理的条件对供应商实行差别待遇或歧视待遇。中华人民共和国财政部（以下简称财政部）依法受理调查，并做出了监督检查处理决定，根据《政府采购法》第二十二条第二款和《政府采购促进中小企业发展暂行办法》（财库〔2011〕181 号）（以下简称《促进中小企业暂行办法》）第三条规定，本项目招标文件将供应商具有特定金额的合同业绩作为资格条件，构成对中小企业实行差别待遇或者歧视待遇，违反了上述规定，举报事项成立。

《政府采购促进中小企业发展管理办法》（以下简称《促进中小企业管理办法》）于 2021 年 1 月 1 日生效，《促进中小企业暂行办法》同时废止。

《促进中小企业管理办法》第五条规定"采购人在政府采购活动中应当合理确定采购项目的采购需求，不得以企业注册资本、资产总额、营业收入、从业人员、利润、纳税额等规模条件和财务指标作为供应商的资格要求或者评审因素，不得在企业股权结构、经营年限等方面对中小企业实行差别待遇或者歧视待遇"。

《促进中小企业暂行办法》第三条规定"任何单位和个人不得阻挠和限制中小企业自由进入本地区和本行业的政府采购市场，政府采购活动不得以注册资本金、资产总额、营业收入、从业人员、利润、纳税额等供应商的规模条件对中小企业实行差别待遇或者歧视待遇"。

显然，《促进中小企业管理办法》比《促进中小企业暂行办法》的规定更为细化。但业绩并非企业的规模条件，也非财务指标（财务指标包括偿债能力指标、营运能力指标、盈利能力指标）。

在案例 6-17 中，招标文件被财政部认为构成对中小企业实行差别待遇或者歧视待遇；而在案例 6-18 中，招标文件未被财政部认为构成对中小企业实行差别待遇或者歧视待遇。

> 案例 6-18：投诉事项：招标文件要求提供"近三年充气式移动球幕影院类似项目，项目合同金额在 150 万元及以上，每项得 1 分，此项最多不超过 5 分"，存在以不合理的条件对供应商实行差别待遇或歧视待遇。
>
> 经查，招标文件要求的近三年从事充气式移动球幕影院类似项目的业绩不是资格性条件，而是评分项。该评分项的设置符合本项目实施和履约的需要，不构成以不合理的条件对供应商实行差别待遇或歧视待遇。投诉事项缺乏事实依据。

资格条件意味着履约者的主体资格是否具备，有没有可能履约，对于一般项目，业绩金额就不应作为资格条件。将业绩作为评分条款，是希望投标人有实践经验，能保证履约的质量与进度。因而，如果投标人的投标受限于业绩金额，可以向招标人质疑。

（4）业绩证明　招标文件对业绩证明的要求有以下两类方式：

1）投标人提供合同或其关键信息（如项目名称、发包人、合同金额、签约时间），由招标人、招标代理机构或评标委员会上网查询（主要是工程项目和PPP项目）。

投标人应提供准确的信息，因为投标人提供的信息不准确，那么无法查询到的责任将由投标人自己承担。

2）由投标人提供中标公告、中标通知书、合同、验收证明（业内称为"四证齐全"）或合同等的证明。有的招标文件要求提供中标公告的截图及其网址。

有的将中标公告网址附在截图上方，或业绩的子目录页，后者不利于评委的高效评审。如果招标文件要求中标公告应包括网址的截图，或中标公告截图应体现网址，那么另附网址的方法就不可行了。

因而，最好的方法是投标人在提供中标公告截图时，就直接包括网址，网址用荧光笔标记，这样可以提醒评委依照招标文件严格把关。

如果招标文件要求提供完整的中标公告网址，同时提供含有网址的中标公告截图，而中标公告的网址过长，无法在截图中完全显示出来，那么可以将完整的网址附于含有网址的截图的上方。

招标人要求提供中标公告截图，是为了让评委在评标期间进行初步的甄别，要求提供中标公告的完整网址，则是为了在评标之后对中标人的业绩进行进一步的核实。

投标人应对业绩的关键内容，如金额、日期、项目负责人等，进行彩色标注，以利于评委的高效评审。如果投标文件编写得没有技巧，让评委反复查找，那么该投标文件的主观分有可能受影响。实际上，有的招标文件已明确，如果投标文件不按照顺序编写，投标人将自行承担责任。

4. 硬件审查巧应对

有的项目与单位硬件（如设施、设备、实验室、仓库）密切相关。例如，食材采购项目，往往需要冷库作为支撑。

有的招标文件要求提供发票、照片、产权证和（或）租赁协议，投标人应当按照招标文件的要求提供证明材料。以冷库为例，有的招标文件要求提供产权证或租赁合同（和出租方的产权证），有的还要求提供冷库的照片。如果要求提供冷库的照片，投标人提供的冷库照片应体现冷库的制冷设备。

> **案例6-19**：招标文件要求冷库的有效证明，包括投标人的冷库产权证明，或租赁协议以及出租方的产权证明，以及能体现冷库的照片。某投标人只提供了租赁协议，没有提供出租方的产权证复印件，提供的照片仅显示为仓库，未体现出制冷设备。故被认定为未提供有效的冷库证明。

6.2.3　特殊资格审查巧应对

1. 面向中小企业或小微企业

有的招标项目是专门面向中小企业或小微企业的，投标人应按照招标文件提供的中小企业声明函模板进行填写，否则无法认定为中小企业。案例2-34中的招标文件只是将小微企业作为加分条件，而不是作为投标资格，投标人未按照中小企业声明函模板填写，故无法获得价格扣除的优惠，但仍有投标资格。

在政府采购中，中小企业是按照采购标的的类别来划分的，也就是说，有的投标人在有的政府采购项目中，属于中小企业；在有的政府采购项目中，属于大型企业，而非中小企业。这与常人的认知完全不一致，这也是案例4-3中投标人A的投诉被驳回的重要原因。

有的项目（如食材全品类）很难由中小企业单独承担，所以有的招标文件规定，投标人需要提供承诺书，确保不少于多少金额或比例的货物向中小企业采购。

> 案例6-20：某系统食材采购，食材涉及大米、食用油、调味品、牛奶、蔬菜、禽肉类、鱼类等。招标文件规定投标人必须提交确保不少于多少比例的食材是向中小企业采购的承诺书。部分企业未提供上述承诺书，故资格未通过审查。

有的项目要求投标人必须与中小企业签订合同，由其提供一定比例的货物。

> 案例6-21：某招标项目，规定投标人必须与中小企业签订协议，由后者提供一定占比的货物。有近一半的投标人虽然与中小企业签订了供货协议，但并未提供对方的中小企业声明函，故资格审查未通过。

案例6-21中的部分投标人一直对自身被废标不解。事实上，案例6-21与案例6-20都要求投标人从中小企业获得一定比例的货物，但案例6-21又不同于案例6-20，前者已构成分包的实质性要求，故分包人应具备招标文件所要求的资格——应提供中小企业声明函及其营业执照。

> 案例6-22：某菜品采购项目，规定投标人必须为中小企业，或与中小企业签订协议，由后者提供一定占比的货物。有2家投标人既没有提供中小企业声明函，也没有提供中小企业向其供货的协议，故资格审查未通过。

2. 面向无外资背景的企业

部队开展政府采购常要求投标人不得有任何外资背景。

> 案例6-23：某园林项目，招标文件规定投标人必须向部队提供股东无外资背景的声明函。某投标人未提交股东无外资背景的声明函，故资格审查未通过。

6.2.4 投标函审查巧应对

招标文件都会提供投标函的模板，投标人一定要按照模板进行填写，且要实质性响应招标文件的要求。

1. 投标函的接收单位

投标函（常见的模板见第2章）的接收单位，就是业主、代采、代建和（或）招标代理单位，有的没有代采、代建或招标代理单位，投标函的接收单位就是业主。

2. 招标项目的名称与编号

招标项目的名称与编号应准确。如果招标项目的名称和编号都填错，投标人的资格审查就无法通过。如果一个招标项目有多个标包或标段，应写清楚是哪一个标包或标段，如果都写成同一个标包或标段，那么就丧失了其他标包或标段的投标资格（见案例2-14）。如果写成了A标包名称+B标包编号和B标包名称+A标包编号，那么很可能构成选择性报价，从而失去澄清与中标的机会。

3. 投标保证金和投标有效期

投标函涉及具体的投标保证金和投标有效期的，应填写清楚，其中投标保证金的缴交方式与数额应当与实际缴交的一致，投标有效期应满足招标文件的最低要求。

4. 投标人的署名与盖章

在投标函的结尾投标人署名一栏，均须填写投标人的全称，并加盖投标单位的公章，投标文件的编写人员应确保投标人的全称与投标人公章上的一致，否则无法通过资格审查。

5. 投标人代表签字

投标人代表签字一栏，应由投标人代表签字或盖其私章。如果只有打印的投标人代表姓名，而无其签字或私章，该投标人的投标资格将无法通过。

6. 投标函日期

投标人应填写准确的投标日期，如果投标人填写的日期有误，晚于投标截止日期，该投标人的投标资格将无法通过。

6.2.5　投标保证金缴交巧应对

如果招标文件要求缴交投标保证金，投标人应按照招标文件要求的缴交形式、缴交路径、收缴账号、缴交数额、缴交时限进行缴交。

1. 缴交形式

有的招标文件允许除转账、电汇之外，也可以使用银行等出具的保函。

2. 缴交路径

有的招标文件要求必须从投标人的基本账号转出，此情形多见于工程招标项目。

> **案例6-24**：某工程项目招标投标，要求投标人必须从其基本账号缴交投标保证金。部分投标人从其基本账号之外的银行账号缴交投标保证金，故其投标被否决。

3. 收缴账号

> **案例6-25**：某投标人在同一天的上、下午均参与了同一家招标代理机构代理的政府采购项目。其中，下午的投标因其投标保证金未到账而无法通过资格评审。该投标人质疑，两笔投标保证金确实一起交了，不可能上午的投标保证金到账了，而下午同一个账号的投标保证金没有到账。

在上述案例中，当地采用了虚拟账号，每一次的招标（或标包）对应一个虚拟账号，如果投标人未能成为中标候选人，虚拟账号的投标保证金就会按原路径退回投标人，以减轻投标人的流动资金压力。案例中的投标人将两个项目的投标保证金都缴交至同一个账号，肯定有一个项目的投标保证金不可能到账。

实际上，无论招标人是否采用了虚拟账号，只要投标人的经办人员工作细致，就不会出现上述差错。

4. 缴交数额

投标人应足额缴交投标保证金，有的招标文件允许小微企业缴交一半的投标保证金，但投标人应当确定自己属于小微企业，否则资格审查无法通过（见案例2-15）。

5. 缴交时限

投标人应确保在投标截止日期之前，将投标保证金缴入招标文件指定的投标保证金收缴账户。

> **案例6-26**：某投标人将投标保证金缴交至该投标项目的履约保证金接收账户，由于开标之后才发现，故来不及再次缴交投标保证金，其资格审查未通过。

在上述案例中，由于投标保证金缴错账号，这意味着该投标人并未完全接受合同的邀约，故其投标资格无效。

鉴于有可能遇到有的银行系统升级等各种特殊情形，投标人应至少提前两个工作日缴交。

> **案例6-27**：某投标人于周五下午银行快下班时去办理投标保证金的汇出手续，结果到周一上午9时开标时，其投标保证金还未到账，故资格审查未通过。

投标人对缴交投标保证金不应有侥幸心理，否则会"弄巧成拙"。

> **案例6-28**：某项目的评标委员会被通知复评该项目，理由是中标候选人的投标保证金未到账。大家都非常奇怪，从中标候选人的投标保证金的缴交凭据所显示的日期到评标结束日期的间隔很久，投标保证金怎么可能没有到账呢？
>
> 后经了解，原来是该中标候选人的经办人员和银行的工作人员打了招呼，让对方晚点汇款，没想到与中标失之交臂。

6.3 符合性审查巧应对

6.3.1 有效性

既不能主动串标，也不能被动串标，还要避免被视为串标。串标的情形见第2章。

1. 纸质标的有效性

在纸质标中，投标人应确保满足以下要求：

1）投标文件由本单位人员进行编制，不要外包给其他单位。因为就同一个项目，同一个人很难写出两个完全不同版本的投标文件。

2）必须由本单位的人员办理投标事宜。

3）项目管理成员或者联系人员均为本单位人员，若确需邀请外单位的管理人员或专家参与投标（如某些科技项目的投标），应确保他们没有以其他投标单位的名义参与该项目的投标。

4）做好保密，尤其是报价的保密工作。例如，投标人应与投标文件的编写人、审核人签订保密协议；如果确实需要就一些关键问题征求专家的意见，那么应当场提供材料，当场回收上述材料，因为作为专家，现场就解决这些的问题，应当没有问题；如果确实需要就整本投标文件征求专家的意见，那么最好为专家提供一间比较独立、安静的办公室。

5）投标人在文印店打印、装订投标文件时，应防止遗漏自己的投标文件，防止和其他投标人的投标文件混订、混装。

6）投标保证金应从本单位的基本账户转出，不得使用本单位的账户为其他单位转出投标保证金。

2. 电子标的有效性

除了遵循纸质标有效性的相关要求外，还应遵循以下要求以防被认定为串标：

1）投标人应当用本单位专用的计算机编写、上传投标文件，该计算机应当是一手的计算机而非二手的计算机，以确保上传投标文件的网卡 MAC（Media Access Control，媒体访问控制）地址、CPU 序列号和硬盘序列号等硬件信息的唯一性，避免与其他投标人上传的投标文件的网卡 MAC 地址、CPU 序列号和硬盘序列号等相同而被认定为串标。

下面是某省住房和城乡建设厅对电子投标文件雷同而认定为串标的规定：

1）不同投标人的电子投标文件存在下列情形之一，视为电子投标文件雷同：

① 不同投标人的电子投标文件上传计算机的网卡 MAC 地址、CPU 序列号和硬盘序列号等硬件信息均相同的（开标现场上传电子投标文件的除外），应认定为《中华人民共和国招标投标法实施条例》第四十条第（二）项"不同投标人委托同一单位或者个人办理投标事宜"的情形。

② 不同投标人的已标价工程量清单 XML 电子文档记录的计价软件加密锁序列号信息有一条及以上相同，或者记录的硬件信息中存在一条及以上的计算机网卡 MAC 地址（如有）、CPU 序列号和硬盘序列号均相同的（招标控制价的 XML 格式文件或计价软件版成果文件发布之前的软硬件信息相同的除外），或者不同投标人的电子投标文件（已标价工程量清单 XML 电子文档除外）编制时的计算机硬件信息中存在一条及以上的计算机网卡 MAC 地址（如有）、CPU 序列号和硬盘序列号均相同的，应认定为《中华人民共和国招标投标法实施条例》第四十条第（一）项"不同投标人的投标文件由同一单位或者个人编制"的情形。

③ 不同投标人的技术文件经电子招标投标交易平台查重分析，内容异常一致或者实质性相同的，应认定为《中华人民共和国招标投标法实施条例》第四十条第（四）项"不同投标人的投标文件异常一致"的情形。

不同投标人的电子投标文件存在雷同的，评标委员会应当按照招标文件规定的评标办法和标准否决其投标，招标人应当按照招标文件的规定没收其投标保证金。

2）投标人递交的已标价工程量清单 XML 电子文档未按照规定记录软硬件信息的，或者记录的软硬件信息经电子招标投标交易平台使用第三方验证工具认定被篡改的，评标委员会应当否决其投标。

2）除了在开标现场上传必要的投标材料外，应在本单位或使用自己的手机网络上传投标文件，而不要用公共网络或其他单位或个人的网络上传投标文件。

3）如果请专家修改投标文件，而专家不是使用投标人本单位的计算机进行修改时，则不能以专家发过来的投标文件的修改版本为上传材料，而应当让专家使用修订模式，在投标人自己的计算机上参考专家的修改意见进行编辑，再上传投标文件。

案例 6-29：某电子招标项目，发现某投标人投标文件的上传计算机与另一投标人上传投标文件的计算机是同一台。由于该投标人无法做出合理的解释，故被认定为串标，其中标资格被取消。

6.3.2　完整性

无论招标文件要求投标人将投标文件单独装订成一册，还是分成几部分装订，投标人应尽量按照招标文件提供的模板顺序进行编排和装订。

案例 6-30：某招标文件要求投标人将投标文件分为三个分册独立装订。

第一分册　报价部分

报价分册的模板包括投标文件（报价分册）封面模板，投标文件（报价分册）目录模板、投标函模板、开标一览表模板（表1）、投标分项价格表模板（表2）、符合政府采购优惠政策相关的文件模板——节能、环境标志产品明细表模板（表3）、中小企业声明函模板、残疾人福利性单位声明函。

表1　开标一览表模板

项目名称：_____　招标编号：_____　　　　（货币单位：人民币）

合同包	项目名称	规格型号	制造商	数量	报价/元	备注

投标总价：大写

注：
1）开标一览表、投标函及投标保证金缴交凭证复印件须另做一份，一同装在一单独的信封内并密封。
2）若以联合体投标，联合体各方均应加盖公章。

投标人全称（公章）：_____
投标人授权代表签字：_____
日期：_____

表2　投标分项价格表模板

项目名称：_____　招标编号：_____　　　　（货币单位：人民币）

1	合同包/品目号		
2	货物名称		
3	原产地		
4	数量、规格、型号		
5	主机和标准附件单价		
6	备品备件价		
7	专用工具价		
8	技术服务费		
9	安装调试费		
10	检验培训费		
11	运费		

案例解析

本案例的招标文件明确要求投标人在投标文件之外另附开标一览表与投标函及投标保证金缴交凭证复印件，如果投标人未满足（如投标人将上述三份材料从投标文件中转至单独密封的信封），其符合性审查将无法通过。

招标文件的上述规定是为了便于快速开标，且确保其他装订成册的投标文件的保密性，那些装订成册的投标文件只有送到评委面前才能开封，其中报价分册只有评委完成了投标文件的技术和商务部分之后，才能交给评委。

有的招标文件没有要求另附开标一览表等，但投标人另附开标一览表基本上是常规做法。

有的开标一览表（报价表）没有标注，开标一览表（报价表）与投标文件相应内容

（续）

12	保险费				
13	投标价格	出厂价			
		现场交货价			
14	投标总价				

注：1. 本表以合同包为单位，不同合同包请分别填写，同一合同包请按照该合同包的品目号顺序分别填写。

2. 出厂价=栏目5（单价）×栏目4（数量）+栏目6至栏目10的各项费用。

3. 现场交货价=栏目5（单价）×栏目4（数量）+栏目6至栏目12的各项费用。

4. 选购件的价格不得包括在本报价表内，应另附纸分项单报。

5. 本表投标总价与开标一览表不一致，则以开标一览表为准，本表的价格按比例进行调整。

6. 若无详细分项报价将被视为没有实质性响应招标文件。

投标人全称（公章）：＿＿＿＿＿＿

投标人授权代表签字：＿＿＿＿＿＿

日期：＿＿＿＿＿＿

表3　节能（非强制类）、环境标志产品明细表模板

1	2	3	4	5	6	7	8	9	10
合同包/品目号	清单产品名称	品牌规格型号	数量	单价	小计	所属清单类别	认证证书编号	证书有效期限	产品所在清单页码
1/1						节能			
1/1						环境标志			
1/2						节能			
1/3						环境标志			
…									
A_1：本合同包内属于节能、环境标志产品的报价总金额									
A_2：本合同包投标报价总金额									
A_3：本合同包内节能、环境标志产品总价占比（$A_1/A_2 \times 100\%$）						A_4：认证数量小计			

注：1. 本表以合同包为单位，不同合同包请分别填写，同一合同包请按照该合同包的品目号顺序、所属清单类别顺序分别填写。

2. 若投标人提供的产品，既属于节能（非强制类），又属于环境标志产品，则应按照所属清单类别顺序分别罗列，且使用相同的品目号。

3. A_2的金额应与开标一览表的一致。

4. 本表后附相关证明资料，未按照规定附证明材料或未详细填列本表的，将不予价格扣除。

投标人全称（公章）：＿＿＿＿＿＿

投标人授权代表签字：＿＿＿＿＿＿

日期：＿＿＿＿＿＿

不一致的，以开标一览表（报价表）为准，但通常都以开标一览表（报价表）为准；如果存在多份开标一览表（报价表），如人工（或电子）唱标的与纸质（或电子）投标文件的不一致，则以公开唱标的为准。

无论是开标一览表，还是投标分项价格表，投标人都应按照招标文件的模板进行填写。

节能（非强制类）、环境标志产品明细表不是必需项，属于加分项，有的招标项目的采购对象不涉及上述内容，故招标文件未附该表。

有的招标文件提供的节能（非强制类）、环境标志产品明细表模板没有要求填写认证证书编号、证书有效期限、产品所在清单页码。但本案例有填写上述三项的要求，投标人如果填写遗漏，就无法获得加分。

中小企业声明函（货物）（模板）

本公司（联合体）郑重声明，根据《政府采购促进中小企业发展管理办法》（财库〔2020〕46号）的规定，本公司（联合体）参加（单位名称）的（项目名称）采购活动，提供的货物全部由符合政策要求的中小企业制造。相关企业（含联合体中的中小企业、签订分包意向协议的中小企业）的具体情况如下：

1. ＿＿＿＿＿＿（标的名称），属于＿＿＿＿＿＿（采购文件中明确的所属行业）；制造商为＿＿＿＿＿＿（企业名称），从业人员＿＿＿＿＿＿人，营业收入为＿＿＿＿＿＿万元，资产总额为＿＿＿＿＿＿万元，属于＿＿＿＿＿＿（中型企业、小型企业、微型企业）。

2. ＿＿＿＿＿＿（标的名称），属于＿＿＿＿＿＿（采购文件中明确的所属行业）；制造商为＿＿＿＿＿＿（企业名称），从业人员＿＿＿＿＿＿人，营业收入为＿＿＿＿＿＿万元，资产总额为＿＿＿＿＿＿万元，属于＿＿＿＿＿＿（中型企业、小型企业、微型企业）。

……

以上企业，不属于大企业的分支机构，不存在控股股东为大企业的情形，也不存在与大企业的负责人为同一人的情形。

本企业对上述声明内容的真实性负责。如有虚假，将依法承担相应责任。

投标人（盖章）：＿＿＿＿＿＿

日期：＿＿＿＿＿＿

注：从业人员、营业收入、资产总额填报上一年度的数据，无上一年度数据的新成立企业可不填报。

残疾人福利性单位声明函（模板）

本投标人郑重声明，根据《财政部 民政部 中国残疾人联合会关于促进残疾人就业政府采购政策的通知》（财库〔2017〕141号）的规定，本投标人为符合条件的残疾人福利性单位，且本投标人参加贵单位的＿＿＿＿＿＿（填写"项目名称"）项目采购活动：

（　）提供本投标人制造的（填写"所投合同包、品目号"）货物；

（　）由本投标人承担的＿＿＿＿＿＿（填写"所投合同包、品目号"）工程；

（　）由本投标人承担的＿＿＿＿＿＿（填写"所投合同包、品目号"）服务；

（　）提供其他残疾人福利性单位制造的＿＿＿＿＿＿（填写"所投合同包、品目号"）货物（不包括使用非残疾人福利性单位注册商标的货物）。

对于专门面向中小微企业的项目，中小企业声明函是资格审查不可替代的内容。

对于非专门面向中小微企业的政府采购项目，中小企业声明函不是资格和符合性审查的内容，但有效的中小企业声明函是小微企业报价获得价格扣除的充要条件。

有的招标文件的模板没有像本案例中的模板一样将投标人承担的服务、工程或货物分列，此时投标人应根据采购对象（货物、服务还是工程）进行勾选。

根据《财政部 民政部 中国残疾人联合会关于促进残疾人就业政府采购政策的通知》（财库〔2017〕141号），残疾人福利性单位应同时满足：①安置的残疾人占本单位在职职工人数的比例不低于25%，且其人数不少于10人（含10人）。②依法与安本投标人对上述声明的真实性负责。如有虚假，将依法承担相应责任。

投标人（盖章）：＿＿＿＿＿＿

日期：＿＿＿＿＿＿

置的每位残疾人签订了一年以上的劳动合同或服务协议。③为安置的每位残疾人按月足额缴纳了基本养老保险、基本医疗保险、失业保险、工伤保险和生育保险等社会保险费。④通过银行等金融机构向安置的每位残疾人，按月支付了不低于单位所在区县适用的经省级人民政府批准的月最低工资标准的工资。

投标人应同时满足上述四个条件，且保证由本单位或其他残疾人福利性单位制造货物（不包括使用非残疾人福利性单位注册商标的货物），或由本单位提供工程或服务，才能享受价格折扣，否则不应提供本表。

投标人应按照投标文件（资格审查分册）目录模板中的顺序编写投标文件（资格审查分册），除了法定代表人若未向他人授权时，应在

第二分册　资格审查部分

资格审查分册的模板包括投标文件（资格审查分册）封面模板、投标文件（资格审查分册）目录模板、投标函模板、投标保证金缴交声明模板、招标代理服务费承诺书模板。其中，身份类型信息模板、单位负责人授权书模板、财务状况报告类型模板、依法缴纳税收说明的模板、依法缴纳社会保障资金说明的模板、参加采购活动前三年内在经营活动中没有重大违法记录书面声明模板、信用记录查询结果模板、具备履行合同所必需设备和专业技术能力的承诺书模板、联合体成员授权书模板见前文6.2.1。

招标代理服务费承诺书（模板）

致：＿＿＿＿＿＿＿＿＿

我们在贵公司组织的＿＿＿＿＿＿项目（项目编号：＿＿＿＿＿＿）招标中投标，如获中标，我们保证按招标文件规定，以经贵公司认可的付款方式，向贵公司缴交招标服务费。

我方如违反上述承诺，所提交的上述项目的投标保证金将不予退还我方，我方对此无异议。

特此承诺！

投标人（盖章）：＿＿＿＿＿＿＿

投标人授权代表签字：＿＿＿＿＿＿＿

日期：＿＿＿＿＿＿＿

第三分册　技术商务部分

技术商务分册的模板包括投标文件（技术商务分册）封面模板、投标文件（技术商务分册）目录模板、标的说明一览表模板（表4）、供货范围清单模板（表5）、重要条款（带"★"号条款）逐条响应表模板（表6）、技术规格和商务偏离表模板（表7）、技术与商务评分索引表模板（表8）、本地化服务信息表模板（表9）。

表4　标的说明一览表（模板）

招标编号：＿＿＿＿＿＿＿＿＿

合同包	品目号	投标标的	数量	规格	来源地	备注
*	*－1					
	…					

注意：

1）本表应按照下列规定填写：

①"合同包""品目号""投标标的"及"数量"应与招标文件"采购标的一览表"中的有关内容（"合同包""品目号""采购标的"及"数量"）保持一致。

②"投标标的"为货物的："规格"项下应填写货物制造厂商赋予的品牌（属于节能、环保清单产品的货物，填写的品牌名称应与清单载明的品牌名称保持一致）及具体型号。"来源地"应填写货物的原产地。"备注"项下应填写货物的详细性能说明。

③"投标标的"为服务的："规格"项下应填写服务提供者提供的服务标准及品牌（若有）。"来源地"应填写服务提供者的所在地。"备注"项下应填写关于服务标准所涵盖的具体项目或内容的说明等。

2）投标人需要说明的内容若需特殊表达，应先在本表中进行相应说明，再另页应答，否则投标无效。

授权委托书的位置附上法定代保人的身份证的正反面而无须填写单位负责人授权书，非联合体投标无须附上联合体成员授权书以及联合体分工协议之外，均应按照模板格式进行填写。本项目非专门面向中小企业，所以在资格审查分册未附中小企业声明函模板。

有的招标文件未附招标代理服务费承诺书（模板），或将其置于技术商务分册。

投标人应按照投标文件（技术商务分册）目录模板中的顺序编写投标文件（技术商务分册）。

若投标人提供了中小企业声明函，表中涉及中小企业的"来源地"信息应与中小企业声明函中的相应信息一致，中小企业声明函的标的名称应与标的说明一览表的投标标的一致，否则中小企业声明函有可能被认

3）投标文件中涉及"投标标的""数量""规格""来源地"的内容若不一致，应以本表为准。

4）纸质投标文件正本中的本表应为原件。

投标人（盖章）：＿＿＿＿＿＿＿

投标人授权代表签字：＿＿＿＿＿＿＿

日期：＿＿＿＿＿＿＿

表5 供货范围清单（模板）

组成货物主要件和关键件清单（模板）

招标编号：＿＿＿＿＿＿＿

合同包	品目号	货物名称	数量	品牌、规格、型号	产地	备注

投标人（盖章）：＿＿＿＿＿＿＿

投标人授权代表签字：＿＿＿＿＿＿＿

日期：＿＿＿＿＿＿＿

专用工具清单（如有）（模板）

招标编号：＿＿＿＿＿＿＿

合同包	品目号	工具名称	数量	品牌、规格、型号	产地	单价/元	总价/元	备注

投标人（盖章）：＿＿＿＿＿＿＿

投标人授权代表签字：＿＿＿＿＿＿＿

日期：＿＿＿＿＿＿＿

备品备件清单（如有）（模板）

招标编号：＿＿＿＿＿＿＿

合同包	品目号	备品备件名称	数量	品牌、规格、型号	产地	单价/元	总价/元	备注

投标人（盖章）：＿＿＿＿＿＿＿

投标人授权代表签字：＿＿＿＿＿＿＿

日期：＿＿＿＿＿＿＿

定无效。例如，投标标的全部由中小企业制造，其中货物a由产地在厦门的投标人A提供，货物b由产地在泉州的供应商B提供，那么，表4中投标标的a的来源地应填写厦门，b的来源地应填写泉州；中小企业声明函中，标的名称为a的货物的制造商应填写投标人A，标的名称为b的货物的制造商应填写投标人B。否则，如果表4中的产地都填写了厦门，而中小企业声明函中又填写了产地在泉州的供应商B，那么表4就与中小企业声明函不一致，根据表4的注意事项中"投标文件中涉及'投标标的''数量''规格''来源地'的内容若不一致，应以本表为准"，故中小企业声明函有可能被认定为虚假陈述。

有的招标文件未提供供货范围清单的相关表格，只是在标的说明一览

表6 重要条款（带"★"号条款）逐条响应表（模板）

招标编号：＿＿＿＿＿＿＿＿＿

合同包	品目号	货物（服务）名称	招标文件中带"★"号条款	投标文件响应内容	证明资料所在页码	偏离说明

投标人（盖章）：＿＿＿＿＿＿＿

投标人授权代表签字：＿＿＿＿＿

日期：＿＿＿＿＿

表7 技术和商务偏离表（模板）

招标编号：＿＿＿＿＿＿＿＿＿

招标要求		投标响应		
合同包/品目号	招标要求	投标响应情况	对应页码	偏离情况

注意：

1）本表应按照下列规定填写：

①"招标要求"项下填写的内容应与招标文件"招标内容及要求"的内容保持一致。

②"投标响应"项下应填写具体的响应内容并与"招标要求"项下填写的内容逐项对应；对"招标要求"项下涉及"≥或＞""≤或＜"及某个区间值范围内的内容，必须填写具体的数值，不得进行简单的复制，否则投标无效。

③"偏离情况"项下应按下列规定填写：优于的，填写"正偏离"；符合的，填写"无偏离"；低于的，填写"负偏离"。

2）投标人需要说明的内容若需特殊表达，应先在本表中进行相应说明，再另页应答，否则投标无效。

3）本表如有多页，应逐页盖章。

4）纸质投标文件正本中的本表应为原件。

投标人全称（盖章）：＿＿＿＿＿＿＿

投标人授权代表签字：＿＿＿＿＿

日期：＿＿＿＿＿

表的注意事项中要求填写供货范围清单，包括但不限于：组成货物的主要件和关键件、专用工具（若有）和备品备件（若有）的名称、数量、原产地等。

有的招标文件未提供表6，投标人应自行列出该表格，以免遗漏对重要条款（带"★"号条款）的响应，也便于评委的高效评审。

该模板已经要求"不得进行简单的复制，否则投标无效"，故投标人应填写具体的响应内容。投标人偏离的数值即使再微小，也要如实填写。

有的招标文件将该模板拆分为技术（和服务要求）偏离表和商务条件偏离表。

如果投标人的偏离已经属于招标文件规定的重大偏差，则投标人应放弃投标。

表8   技术与商务评分索引表（模板）

招标编号：＿＿＿＿＿＿＿＿＿

评分项序号	评分内容	投标响应情况	页码

投标人全称（盖章）：＿＿＿＿＿

投标人授权代表签字：＿＿＿＿＿

日期：＿＿＿＿＿

表9   本地化服务信息表（模板）

招标编号：＿＿＿＿＿＿＿＿＿

投标人全称					
服务形式	□ 本市注册 □ 本市有分支机构(固定办公场所及人员) □ 本市有合作伙伴 □ 非上述情形				
本地化服务机构	服务机构全称				
	服务机构地址				
	人员信息		姓名	学历、职称、资格证书	联系方式	身份证号
		负责人				
		其他人员				

注意：具有合作伙伴的，应提供合作协议和合作伙伴的营业执照。

有的招标文件未提供表8，投标人应自行列出该表格，以免遗漏对评分要求的响应，也便于评委的高效评审。

有的招标文件未列出表9，非本市注册的投标人应仔细填写相关信息（若招标文件要求投标人能提供本地化服务）。

6.3.3   响应性

1. 报价

（1）总报价   报价的方式有以下三种：

① 具体的金额。

② 按照往期的折数。

③ 按照当期的折数。无论哪一种形式，投标人的总报价均不得高于总价的控制价。

案例6-31：某食用油采购项目，要求按照最近一周官网公布的价格为基准价进行打折。某投标人使用前两周官网公布的价格为基准价进行打折，由于打折后的价格仍高于最近一周官网公布的价格，故被废标。

（2）分项报价   如果各分项有控制价，投标人必须提供分项报价表，且各分项报价均不得超过各分项的控制价（见案例2-17）。

（3）不可竞争费   不可竞争费是指由法律法规所规定的以及由招标人所列支的一类费

率固定或数额固定的费用，包括税金、规费（主要是劳保、安全文明施工费）以及招标人自行采购的材料费、暂列金额，投标人在投标报价时必须完全保留并不得调低此类费用，否则将被作为废标，或者被要求修正或认定为不平衡报价而将其差额部分计入低价风险金。

2. 时间

（1）投标有效期　所有招标文件都会给出一个投标人必须承诺要满足的投标有效期，投标人不予承诺，或承诺要满足的投标有效期短于招标文件所规定的，其投标将被否决。一般情况下，投标人都会遵循这一规定，但也有例外。

> **案例 6-32**：某招标项目发出澄清通知，要求将投标有效期延长至 270 天，某投标人未将投标有效期从原来的 3 个月延长至 270 天，故其投标被否决。

开标之后，一旦出现质疑、投诉，导致短期内难以确定中标人，这时候招标人会通知所有投标人延长投标有效期，如果投标人不愿意延长投标有效期，那么投标有效期到期后，投标人有权撤回投标文件，招标人必须退回投标保证金。

如果投标人愿意延长投标有效期，应在招标人所规定的期限内书面回复招标人或招标代理机构。

与开标前招标人通过网络公开发出澄清公告不同，开标后招标人对招标文件的修改往往会直接通知所有递交投标文件的投标人，因而投标人应根据招标文件提供的投标函模板仔细、完整地填写投标人的联系方式。在开标后，投标人应经常关注是否有来自招标人的信息。

> **案例 6-33**：某项目招标，开标之后，因质疑和投诉导致中标人难以产生，招标人要求延长投标有效期，但只有一家投标人书面提交同意延长投标有效期。

（2）完成时间　投标文件拟定的完成时间（如交货期、工期、设计周期）应满足招标文件的强制性规定，否则会被废标（见案例 2-19）。

工期、设计周期等常使用日历日（或日历天），如果投标人将日历日（或日历天）写成日（或天），就会导致歧义，不知道到底是日历日还是工作日，这样就可能不符合招标文件的规定而被废标。

> **案例 6-34**：某招标项目的投标人须知前附表要求工期为 90 日历日，但某投标文件拟定的工期为 90 天，故该投标文件被否决。

投标文件拟定的每个节点的完成时间（招标文件如有规定）应满足招标文件的强制性规定，否则也会被废标（见案例 2-20）。

（3）服务时间　某些招标项目往往要求投标人提供一定的服务时长，如环卫项目、食材供应、绿化工程的养护，投标人应完全满足上述要求。

> **案例 6-35**：某绿化工程要求提供 6 个月的成活养护期，但某投标文件只提供了 3 个月的成活养护期，故该投标文件被否决。

有的招标项目会确定两个中标人，两个中标人交替服务。

> **案例 6-36**：某招标项目规定，投标人须承诺，若中标，则同意按照：第一中标人提供第一个月、第二个月的服务，第二中标人提供第三个月的服务，然后依此模式循环至整个招标服务期满。某投标文件未提供上述承诺，故该投标文件被否决。

有的招标文件规定若遇到特殊情形，中标人应同意延长服务期。

案例6-37：某服务项目招标规定，投标人须承诺，若中标，则承诺：若新一轮的招标未能产生新的中标人，应继续按照原有的服务模式、价格提供服务至新的中标人接手。某投标文件未提供上述承诺，故该投标文件被否决。

有的招标文件规定，若遇到招标项目被中途取消，中标人应同意缩减服务期。

案例6-38：某服务项目招标规定，投标人须承诺：若招标项目被中途取消，中标人应同意终止服务合同，且不得向招标人索赔。某投标文件未提供上述承诺，故该投标文件被否决。

（4）售后服务时间　某些招标项目要求投标人提供覆盖产品全周期的售后服务，投标人应予以响应。

案例6-39：某项目招标规定，投标人须承诺：若中标，应提供自交付产品一定期限的售后服务，包括但不限于零配件的提供、维修。某投标文件提供的上述承诺的期限短于招标文件的规定，故该投标文件被否决。

（5）突发状况的响应时间

1）回应时间。有的招标项目要求中标人为应对突发状况，项目联系人必须24h开机。

案例6-40：某招标项目规定，投标人须承诺：项目联系人应保持24h待机状态，若不能及时接听招标人的电话，应在15min内回复招标人。某投标文件将回应的时间误认为到场的时间（1h），故该投标文件被否决。

2）到场时间。有的服务项目（如绿化养护）要求，若出现突发状况（树木倒伏），中标人必须在一定时间内到达现场，并解决问题。

案例6-41：某服务项目规定，投标人须承诺：若遇到突发状况或接到招标人的通知，应在2h内到达现场，并确保在24h内解决问题。某投标文件只承诺24h内到达现场解决问题，故该投标文件被否决。

在上述案例中，招标文件要求24h内解决问题，是一个最低限度，中标人有可能在2h内就到达现场解决问题，不会造成安全隐患，故未承诺2h内到达现场的投标人的投标被否决。

3）修复时间。有的货物、服务和工程项目要求在一定的期限内完成修复或提供零配件。对于货物采购项目，投标人若提供国外的产品，应考虑能否在招标文件规定的期限内提供零配件。

案例6-42：某招标项目规定，投标人须承诺：若遇到突发状况，应在1h内到达现场，并确保在24h内解决问题，如在24h内不能解决问题，应现场提出解决方案并报给招标人。某投标人未承诺如在24h内不能解决问题，应现场提出解决方案并报给招标人，故该投标文件被否决。

3. 质量

（1）验收要求　投标人应承诺按照招标文件的要求，质量达到合格或优良等，否则将会被废标（见案例2-18）。

（2）质保期限　有的招标文件要求中标人提供质保期内非招标人引起的损坏的免费维修。

> 案例6-43：某招标文件规定，投标人应承诺：在质保期内，投标人应提供免费维修。某投标人只承诺在质保期内提供维修服务，并未声明是免费服务，故该投标文件被否决。

（3）商业承保　有的项目要求投标人为其产品提供商业保险，旨在降低招标人的潜在风险。也有招标项目将投标人为产品或服务人员办理保险作为加分项。

4. 响应的其他内容

除了时间、价格和质量这三个所有项目都会涉及的响应的基本内容外，不同的招标项目会有不同的招标内容。例如，货物招标可能涉及对产地的限制，有的要求国产，投标人则不得提供进口产品。如果没有对产地的限制，投标人应根据自身情况如实填写，否则即使中标了，在验收时也难以通过（见案例6-44）。

> 案例6-44：某投标人在投标文件中声明，提供的仪器为进口产品，但在交货时提供了国产设备。招标人派出了新的验收人员（原来的采购人员已经出国），对该产品的验收不予通过，理由是投标人在投标时承诺的是进口设备。投标人多次交涉，提出国产与进口设备的各项指标一致，但招标人一直不同意接收该设备。

投标人应在技术和商务偏离表中填写是否有偏离。如果投标人的偏离完全超出了招标文件允许的范围，投标人应放弃投标，除非招标文件的要求排斥或限制了投标人的公平竞争，对于后者，投标人应及时质疑，质疑被驳回时，可以投诉，详见本书第4章。

5. 响应的方式

有的投标人采取了"偷懒"的方式，在技术和（或）商务偏离表的"投标响应情况"中，将招标要求全部照抄其中。如果招标文件有类似"指标涉及数字区间的，必须如实填写，不得进行简单的复制，否则投标无效"的规定，那么投标人应认真填写，不得简单复制。

实际上，机电产品国际招标投标中，就有对技术参数不得简单复制，否则为废标的规定。

有的政府采购招标文件，规定投标人在技术和商务偏离表中提供的参数应和技术方案中提供的参数一致，否则为虚假应标。

> 案例6-45：某平台采购项目，招标文件规定，投标人在技术和服务偏离表中的投标响应须与技术方案中的一致，否则为虚假投标。采购人在确定中标人时，发现某中标人在技术和服务偏离表、商务偏离表中均填写了无偏离，但技术方案中填写的数值与招标文件的不一致，且明显不满足招标文件的要求。采购人随即要求中标人进行澄清。

6.4 技术商务得分巧应对

6.4.1 评分类型

1. 并列式与递进式

当一个评分项下有几个评分子项时，分为并列式评分和递进式评分，后者又包括简单递进式评分和逐级递进式评分。

并列式评分，是指每个子项的评分是独立的。例如，案例2-40中"投标人获得ISO认证，每获得一个认证，得0.5分，满分2分"就是并列式评分。

简单递进式评分是指只有投标人在完全满足第一个评分子项的前提下，投标人才可能获评后面几个评分子项的分数，后面几个评分子项之间的评审关系彼此独立，例如，案例2-42的评分项1-21的评分子项2（②在①的基础上：每增加1辆总质量15t及以上洗扫车的，得0.5分，增加2辆或2辆以上的，得1分）、评分子项3（③在①的基础上：每增加1辆总质量15t及以上高压清洗车的，得0.5分，增加2辆或2辆以上的，得1分）和评分子项4（④在①的基础上：每增加1辆密闭式垃圾清运车的，得0.5分，增加2辆或2辆以上的，得1分）这三个子项之间彼此独立。

逐级递进式评分是指只有投标人在完全满足前一个评分子项的前提下，投标人才可能获评后一个评分子项的分数，依次类推。

> **案例6-46**：某招标文件规定：①投标人制定完备的管理制度的，得1分。②在①的基础上：管理制度对本项目具有针对性的，得1分。③在②的基础上：投标人承诺中标后，按照管理制度实施的，得1分。

招标文件将管理制度（或其他制度）作为评分项，一般属于以下几类情形之一：

（1）就评分内容而言
1）管理制度可行与否。
2）管理制度具有针对性与否。
3）中标后是否承诺按照管理制度实施。
（2）就评分项而言
1）未划分为数个评分子项和数个要素。
2）未划分为数个评分子项，但分为数个要素。
3）划分为数个评分子项。
（3）就评分类型而言
1）并列式评分。
2）简单递进式评分。
3）逐级递进式评分。

遇到递进式评分，投标人应特别谨慎，因为第一个评分子项失分，就意味着该评分项完全失分，如果该评分项的总分为3分，而本采购项目的竞争又很激烈，那么该投标人基本上就出局了。笔者曾遇到数次第一中标候选人和第二中标候选人只差0.07分的情况。

当然，投标人也可以判断前一个评分子项的评分规则是否排斥或限制了投标人的公平竞争，如果该评分项导致了不公平的竞争，可以提出质疑乃至投诉。

2. 客观分与主观分

技术评分项中有很多属于主观分（如施工方案），而商务评分项中有很多属于客观分（如ISO认证体系）。

主观分是指评审项缺乏可量化的固定标准，只能根据定性的评审结果来打分，评审结果和分值会因评委的不同而出现差异，因为不同评委的认知是不同的。

客观分是指评审项具有可量化的固定标准，评审结果不会因评委而异，理论上所有的评委应给出相同的分数。

在纸质标中，如果评委给出的客观分不同，有经验的招标代理人员会提醒评委进行改正。在电子标中，系统会将不一致的客观分显示为红色，且难以进行小组汇总等下一步工作。

6.4.2 客观分的主观认定与主观分的客观认定

理论上，客观分不会因评委而异，但有时会出现"是与否"（而非"好与坏"）的主观认定；而主观分虽然有好、中、差的主观认定差异，但投标文件是否体现了对评分项的完整响应则属于客观认定。

1. 客观分的主观认定

客观分的主观认定，是指评分项虽然是客观分，但投标人提供的材料是否属于评分项的范畴，是否达到可以认定的标准，需要评委统一认定。

> 案例 6-47：某花柱采购项目，招标文件要求，中标人要在主要街道的十字路口布置由四季秋海棠等草花组合起来的花柱和花篮。评分项规定，有类似业绩的，每一项业绩得 0.25 分，满分 2 分。招标文件规定业绩证明材料必须包括中标公告、中标通知书、合同、验收证明。

在上述案例中，评审的分值、评审的 4 个要素都是固定的，因而属于客观分，但对"类似的业绩"，不同的人可能有不同的认定。就构造方式而言，由于花柱属于垂直绿化，垂直绿化和屋顶绿化均属于立体绿化，所以最宽的认定边界是立体绿化都可以。就植物材料而言，花柱的用材主要是草花，花柱以及陡坡之外的垂直绿化的用材主要是藤本植物，所以最宽的认定边界是各类植物均可。

针对上述案例，投标人可以根据自身情况确定是否要求招标人对类似业绩的范围进行澄清。

2. 主观分的客观认定

主观分的客观认定，是指评分项虽然是主观分，不同的评委可能会给出有较大差异的评审分值，但评委必须先审查投标文件是否对评分项进行了完整响应，如果没有完整响应，就不可能得满分，甚至有可能不得分。

例如，案例 2-42 的评分项 1-1 [投标人制定的项目管理制度（至少包含自检自查制度，各职能部门管理制度，如财务管理规章制度、财务成本风险管控制度、档案管理制度）：制度详细、完整的，得 2 分；制度宽泛、有缺项的，得 1 分；制度存在较大偏差或重大缺陷的得 1 分；制度与本项目实际情况不符或未提供的不得分]，就涉及主观分的客观认定，如果投标人未提供财务管理规章制度、财务成本风险管控制度或档案管理制度这几个评审要素之一，该评审项就不可能得满分。

案例 2-42 的评分项 1-1 是非常明确的——缺项就要扣分。如果评分项 1-1 的评审标准改为"投标人制定的项目管理制度（至少包含自检自查制度，各职能部门管理制度，如财务管理规章制度、财务成本风险管控制度、档案管理制度），可行的得 2 分，基本可行的得 1 分，不可行的得 0 分"，投标人若未提供财务管理规章制度、财务成本风险管控制度或档案管理制度,那么投标人在该项也无法得到满分——没有提供,也就谈不上可行。

6.4.3 决策之三:警醒评委漏与全

当一个评分项涉及几个评分子项,尤其是涉及递进式评审,或者一个评分项涉及几个评分要素,尤其是涉及主观分的客观认定,应考虑采用"标题呼应式"的方法,既表明投标人自己已经完整响应招标文件,又能明确地提醒评委评审时不要漏项。以下举例说明。

在纸质标中,复制并修饰评审标准(方法见第2章招标文件的细读相关内容),于评审标准下方以表格方式列出响应的子标题(子标题可交替使用两种颜色),再在子标题表格下方分别阐述:

1-1	评分标准	投标人制定的项目管理制度(至少包含自检自查制度,各职能部门管理制度,如财务管理规章制度、财务成本风险管控制度、档案管理制度):①制度详细、完整的,得2分。②制度宽泛、有缺项的,得1分;制度存在较大偏差或重大缺陷的得1分。③制度与本项目实际情况不符或未提供的不得分。

我司制定的项目管理制度如下:

自查自检制度
财务管理规章制度
财务成本风险管控制度
档案管理制度
人事管理制度
……
    1-1.1 自查自检制度
    ……

在电子标中,在上传投标文件时利用系统的定位功能确定本评分项的起始与终止位置(若系统有此功能)。同时利用文档的定位功能,将表格中的子标题(如档案管理制度)定位链接至表格后的相应部分。

6.4.4 决策之四:提醒评委对与错

如果投标人判断竞争对手很有可能在技术商务部分的某一点或某些方面出错,就可以在自己的投标文件中进行彩色标识,既可以表明自身的专业性和严谨性,也可以提醒评委对其他投标文件的相应内容进行认真评审。

案例6-48:某投标人按照常规方式编写投标文件,其中,涉及垃圾分类部分,将干电池等作为有害垃圾。后请专家为其投标文件把关。专家不仅将干电池调整为其他垃圾,而且还用彩色字体进行标识。

6.4.5 决策之五：唤醒评委好与差

案例 6-49：某招标项目，从第一天傍晚评审到第三天早上，吃饭加休息的时间总共两三小时，完全属于高强度的脑力与体力劳动。有的投标人制作的视频非常不清晰，加重了评委的疲劳，有的投标人制作的视频非常清晰，缓解了评委的疲劳。评审结束后，公示了中标候选人，某投标人进行了质疑。招标代理机构组织了复评，仍维持了原来的评审结果。该质疑人未再进一步投诉。

像上述连续评审三天是个案，但现在金额大的货物或服务采购项目，投标文件一两千页屡见不鲜，如果没有交叉评审（电子标容易进行交叉评审，纸质标则难以交叉评审），那么工作量会非常大，评委出现疲劳也是理所当然。虽然投标文件未必都有上千页，但有时候投标人太多，因而投标文件应确保做到以下几点：

1) 文字部分应插入必要的彩色图片。实在没有合适的图片，或来不及补充图片，应确保有一部分彩色的文字（色彩的种类不能太多），或为标题，或为重要的内容。此外，应有适中的行距，字的大小要适中，数字可采用新罗马字体，除非招标文件有统一的规定。

实际上，很多评委最忌讳投标人从网络上大段地照抄。因而，投标文件应从编写的内容、编写的形式体现或证明投标文件不是从网络下载的，例如，序号的一致性，逻辑清晰，有相应的图片，单位出台的管理制度有文号或装订成册……

2) 视频部分（如有）。首先要按照招标文件的要求控制时长；画面应清晰，最好请专业人士拍摄；解说应清晰，最好请音质好的普通话达到二甲水平以上的人员解说；字幕不需要将解说词完整地展现出来，而是应突出重点，紧扣评审要素；千万不要把视频拍摄成单纯的企业宣传片，不要让背景音乐影响解说的收听。

实际上，视频的分值是技术商务部分中最容易拉开差距的。

案例 6-50：某招标项目，要求拍摄投标人的基地。视频在技术评分项中占一定的比重。几家投标人的投标文件商务部分以及技术标的文字部分的分数差距很小，但有一家投标人的视频分数为满分，与其他投标人拉开了差距，最终成为第一中标候选人。

若拍摄生产过程，就会涉及生产设备，后者具有一定的专业性。故在视频中需要把这些专业的设备标注出来。无论是拍摄生产基地还是生产过程，都要保持场所、设备的清洁。

案例 6-51：某招标项目，要求拍摄大米的生产过程，体现大米的加工设备。有的视频就像企业的宣传片，大部分时间都是在介绍企业的概况，并没有把招标文件要求的生产设备一一展现出来；有的视频的画面展现了环境的杂乱无序……有的视频将生产设备全部展现出来。最终，提供了完全响应招标文件要求的视频的投标人成为第一中标候选人。

在上述案例中，像砻谷机这样专业的设备，对于会计、法律或非粮食生产行业的评委，就会非常陌生，如果只有解说员的解说，是远远不够的，投标人应当将设备的名称标注在视频中。如果将所有解说词都展现出来，反而重点不突出。

3) 动漫部分（如有）。有的景观设计项目要求提供动漫视频，设计方案应遵循问题导向，体现出设计者如何解决这些问题。此外，应突出重点区域的设计效果，以公园为例，应充分体现出主大门、中心节点的设计效果。

6.4.6　决策之六：开门见山

如果投标文件较厚，那么应采取开门见山的方式，即将评分索引表置于投标文件或投标文件的技术与商务部分的开头，以便于评委查找。反之，如果将评分索引表置于投标文件的中间，那么缺乏经验的评委就不会将评分索引表折页，就会导致来回找，不仅浪费了很多时间，还会很烦躁，甚至漏看了评分项的证明资料。

投标人也可以在投标文件的技术和商务部分贴上侧面索引贴，若采取此方法，一定要贴牢。

6.4.7　决策之七：直击痛点

投标人一定要了解招标人最重要的需求，做到直击痛点，解决难点。

> **案例 6-52**：某生态修复项目，三个设计单位先后汇报了三四次，但业主都不太满意。究其原因，就是设计单位把该项目做成了一般的景观改造项目，导致业主迟迟无法确定设计方案。

山体的修复涉及几个要素：防火、陡坡或山体立面的修复［加固和（或）种植］与遮挡、裸地或缓坡的修复、排水排洪。防火，就意味着景观效果让位于防火效果，若在海边，就意味着需要防风树种，所以需要抗风性好的防火树种；立面的遮挡，就意味着需要生长快速、树冠较大的树种与具有良好攀缘效果的藤本植物……设计单位应从这几个方面提出综合解决方案。

6.4.8　决策之八：抛砖引玉

有的项目（如环卫、绿化养护）要求根据现场勘查情况（相当于"砖"），提出解决方案（相当于"玉"），此时投标人不仅要抓典型，更要注重有震撼力的现场情况。

案例 6-53：某环卫项目，要求投标人自行勘查现场，根据勘查结果分析难点、重点，提出解决方案。某投标人进行了全方位的勘查，拍摄了大量照片，其中有一张特别有震撼力的照片（见下图，该图已经删除了时间、位置信息），就是地面有大量的蛆（图中大量白色的点）。

投标人在分析类似问题时，应指出现场的管理难度大，没必要去指责原有的中标人管理不善，否则会让人感觉到是在指桑骂槐；同时要提出自己要怎么解决上述问题。

6.4.9　决策之九：一举数得

有的项目要求根据现场勘查情况提出解决方案。如果投标人有自己类似情形解决方案的图片，则可以将原有问题的图片和自己解决方案的图片进行对比，这样不仅可以告诉评委自己做了很充分的勘查，发现了问题，还暗示原有的中标人不应再承担该项目，承担该项目的人选"非我莫属"。

6.4.10　决策之十：先入为主

如果招标人要求投标人提供样品，那么投标人一定要按照招标文件的要求配置，包括样品的种类、数量、规格等。

案例6-54：某单位采购食材，要求提供部分冻品样品，对冻品的种类、质量等都有规定。某投标人提供的样品的质量明显不足。经称重，该投标人的样品质量达不到招标文件的要求，虽不属于重大偏差，但该样品的得分较低。

样品的好坏有时候并不明显，但缺斤少两一定会影响评委做出的评审。道理很简单，如果投标都不能遵循招标文件的规定，中标以后又如何能保证所提供的食材的质量和数量呢？

除了要满足招标文件所规定的样品种类、数量外，投标人应对样品进行甄选。

案例6-55：某项目招标文件规定，投标人应提供包装为10 kg的大米，评委需要先对大米的色泽等数个指标进行打分，再对这些大米煮成的米饭的口感等数个指标进行匿名评审。

某评委非常有经验，立即在几家投标人的产品中找出了最好的大米样品，在随后的匿名评审中，又在几家投标人的产品中找出了最好的米饭样品。经招标代理机构公布，最好的米饭样品与最好的大米样品同属一家投标人，由于大米的价格相差很少，该投标人最终成为第一中标候选人。

在上述案例中，非匿名评审的第一名大米样品与匿名评审的第一名米饭样品同属一家投标人，看似有点凑巧，但其实是米的品质与评委的水平所决定的。

如果几家投标人的产品非常接近，评委也缺乏经验，那就有可能出现第一名大米样品和第一名米饭样品分属不同的投标人，这就比较尴尬，尤其是大米样品是非匿名评审的，样品的评审会有非公正评审之嫌。反过来看，投标人应当提供与价格匹配的最好的产品样品，因为样品的好坏会影响到其他主观分的评审——先入为主，而五位评委中至少会有一两位非常熟悉产品的专家。

投标人不仅要把好样品关，投标文件的制作也要从细致、精致做到极致，从而获取最高的主观分。实际上，有的招标文件规定，如果投标文件没有按照顺序编排，导致对其不合理的评审结果，由投标人自行负责。

6.4.11　决策之十一：锦上添花

有的招标项目设有答辩环节，就答辩形式而言，分为现场答辩和语音答辩；就答辩内容而言，分为方案答辩和问题答辩。

现场答辩是指投标人代表和评委面对面地进行答辩。现场答辩有的可以展示 PPT 或进行软硬件的演示。

语音答辩是指基于匿名评审要求，投标人代表无法见到评委，只能通过语音系统进行答辩。语音答辩一般无法展示 PPT 或进行软硬件的演示。

方案答辩是指投标人代表在规定时间内向评委介绍其投标方案，评委可以根据实际情况进行提问或不提问。

问题答辩是指评委向所有投标人代表提出与招标项目相关的问题，和（或）根据投标人的方案提出一两个针对性的问题。

对于方案答辩，投标人代表不应照着 PPT 来念，更不能照着技术方案从头念到尾，因为照本宣科不仅无法体现投标人的自信，也无法体现投标人技术方案的重点与优越性，还可能造成超时与评委的疲劳。

正常人通过眼睛接受信息的速度快于通过耳朵接受信息的速度，正如光速快于声速。因而，投标人代表在方案答辩中应突出方案的重点，相较对手的优势，也就是要把投标方案的优点放大（大项目的投标文件太长，往往不容易让人发现投标人的优势和投标方案的优越性），从而使自己的投标文件锦上添花。

锦上添花的前提是：

1）投标人代表要控制好发言的时长，也就是说要先演练一下。

2）语速正常，吐字清晰，不要有太重的口音，一定都要让评委听清楚。

3）若展示 PPT，尽量不要使用链接方式，因为如果要使用招标人的计算机，很可能无法使用链接；如果招标人允许使用投标人自己的计算机，也可能自己的计算机和招标人的投影仪不匹配而无法打开链接。

案例 6-56：某知识产权代理招标项目，要求投标人代表现场汇报。评委的手机都统一保管了，没法看时间，代理机构的工作人员没有经验，没有控制时长，导致第一家投标人的汇报就超时。后来，评委要求严格控制时长，请代理机构在规定时长前 2min 提醒投标人代表快要到时间了。

如果投标人不控制好汇报时长，遇到严格把关的招标代理机构工作人员和评委，就会要求中断汇报。即使遇到没有经验或没有严格把关的招标代理机构工作人员和评委，超时提醒也会影响汇报人的汇报效果。

现场答辩，竞争对手之间很可能知根知底，若如此，在答辩时应强调自身的优势和方案的优越性。以往成功的典型案例简明扼要的介绍，往往能给评委更深的印象。

案例 6-57：某招标项目，要求投标人代表进行汇报。某投标人代表的口音较重，评委也没听太清楚，但又没有时间再详细询问。

如果投标人代表中的技术人员的口音较重，最好让其他同事汇报，若评委提问，再由该技术人员回答，其他同事进行补充。如果评委听不清楚，即使还有时间，也不会多问，因为评委没法确定是自己一个人没听清楚，还是大部分评委都没有听清楚。

语音答辩的传声效果往往不如现场答辩的效果，所以投标人代表更要确保让评委听清楚。如果在现场，或许可以从评委的表情判断评委是否听清楚了，如果没有听清楚，还可以补充一两句，而语音答辩就没有这种可能性了。

6.4.12 决策之十二：与其伤其十指不如断其一指

有的项目要求现场演示，包括硬件演示和软件演示，前者如设备的演示，后者如教学平台的演示、环卫项目的后台动态管理演示。

硬件演示的重点是操作简便、功能强大。如以常见的设备——复印机为例，如何将身份证的正反两面复印到一页上。

教学平台软件的演示是最复杂的，可能涉及很多符合性和评分的要求。如果招标文件规定的时间有限，无法全部演示，那么应突出重点——招标文件规定的技术要求中的最难以实施的内容。

例如，有的招标文件要求支持对接 AI 文字识别能力，支持录播视频的分析，并进行知识点的智能提取，生成与录播视频内容相关的知识点词云，根据知识点的频次在词云中按照不同的字体大小（或颜色）进行展示，高频次知识点按照大字体（或深彩色）展示，低频次知识点按照小字体（浅彩色、灰色或黑色）展示。这一要求就与通行的要求（如与学校已有的平台对接集成）、以往的要求（如一键启动某直播软件并自动加入直播间，教务处后台录播，教学数据统计与对比分析，支持教师、学生、板书画面三路同步）明显不同，具有相对超前性，投标人应予重点演示。

上述方案不仅能直击用户的痛点，而且还可能碾压没有上述方案的竞争对手，正所谓"没有对比就没有伤害"。

现场演示项目不像答辩项目，后者的时间弹性大，投标人代表容易压缩，例如，语速提高就能压缩时间；而前者的时间弹性小，投标人代表难以演示一半就跳过去。因而，投标人代表一定要提前预演示，不仅能掌握好演示时长，还能发现演示对象的潜在问题，尤其是涉及软件系统的项目。

> **案例 6-58**：某科技项目评审，要求评委通过评审平台进行网络打分。某专家发现，平台自动统计的总分与实际汇总的总分不一致。起初，没人会相信有这种事情，但该专家一再坚持，甚至还找了领导。管理部门不得不进行调查，发现确实存在专家反映的问题，便要求责任人进行整改，但该责任人只做了局部整改，上述专家发现还是有问题，要求管理部门再次核查。管理部门核查后，发现责任人没有整改到位，不得不要求责任单位全面整改。

6.4.13 决策之十三：顺势而为

PPP 项目常有作为小股东的政府出资人具有一票否决权的特殊规定，投标人若能接受则顺势而为，不能接受则放弃。

> **案例 6-59**：某 PPP 项目招标，文件规定：中标人与政府出资人按照 90%：10% 的比例组建的项目公司在整个建设、运营期限内，未经政府出资人书面同意不得减资，不得对外投资，不得为除本项目外的其他项目提供任何形式的担保，不得从事本项目无关的其他业务，不得变更公司名称，不得将公司注册地址迁出注册地。
>
> 招标文件还规定：投标人可以对《投资合作协议》《PPP 项目合同》和《股东协议》

的条款做出不接受或建议修改的意见，但招标人对该等意见有保留接受或拒绝的权利，并对由此引起的对投标人的影响不承担任何责任；同时，投标人对《投资合作协议》《PPP项目合同》和《股东协议》条款的不接受或修改将可能影响其评标结果。《投资合作协议》《PPP项目合同》和《股东协议》等合同文本需最终报××县政府审核同意，在获得同意前项目合同文本未生效。

某投标人在投标文件中提供了对招标文件《投资合作协议》的响应意见：

致：××县交通运输局

为参与贵单位组织的编号为××××-××××的××县扶贫交通振兴工程包PPP项目，我方仔细阅读了招标文件中《投资合作协议》的各项条款，我方确认，我方对作为投标文件一部分递交的对《投资合作协议》的条款所提出的全部变更建议已经在法律方案中所附的《投资合作协议》偏差表中明确列出。我方承诺，如果中标，除这些偏差表所列出的偏差外，我方完全接受《投资合作协议》的条款内容，并据此将无条件与贵方签署该《投资合作协议》。

该投标人还提供了《投资合作协议》条款偏离表：

招标编号：××××-××××

序号	条款号	原条款内容	建议修改后的条款内容	偏离说明
1	××	政府出资人在项目公司具有一票否决权，未经出资人同意，不得减资，不得对外投资，不得为除本项目外的其他项目提供任何形式的担保，不得从事项目无关的其他业务，不得变更公司名称，不得将公司注册地址迁出注册地	所有出资人在项目公司进行表决时，应少数服从多数	负偏离
2	……	……	……	……

投标人就该投标文件咨询了相关的专家，专家给出的意见之一，最好删除序号1的负偏离内容，最终删除与否可咨询投标人自己的法务团队。

由于政府出资人在项目公司中是小股东，所以招标文件通常会给出上述规定，投标人的上述负偏离，即使未被评标委员会否决，也无法通过当地政府的审核。

6.4.14 决策之十四：韩信用兵多多益善

有的地方推行评定分离，在评标委员会产生不排序的中标候选人若干，再进行"清标"和定标。定标时，定标委员会的成员依据评标结果、"清标"结果和定标方案进行定标。由于招标文件只公布定标原则（定标要素的大类），没有公布定标方案（定标要素的种类、权重或优先级、数量），所以即使"清标"人员也不知道定标方案，投标人更不清楚定标方案。

因而，如果定标要素提到业绩、荣誉、获奖、实力等，应当尽量提供相应的材料，业绩尽量有同类的业绩，如有可能，要提供当地的业绩；荣誉与获奖不同，前者是达到一定的要求或标准，后者是与其他对手竞争而获得名次。实力则是涉及面最广的，如专利、获奖、荣誉、业绩都能体现实力。

6.5 报价得分巧应对

6.5.1 决策之十五：两利相权取其重，两害相权取其轻

在政府采购中，都是以最低价为基准价（满分），但如果报价太低，就没有利润空间，甚至会亏损；反之，如果报价太高，报价分就会很低，就不容易中标，所以需要对利害进行权衡，这里的"利"不仅是指利润，也可以是指业绩，详见第5章。

例题 6-1 某项目控制价为 1000 万元，如果按照控制价的 90% 报价，预期的利润是 100 万元，中标的概率是 50%；如果按照控制价的 85% 报价，预期的利润是 60 万元，中标的概率是 90%。那么，投标人应选择哪一个方案？

解：$E_1 = 100 \times 50\% = 50$，$E_2 = 60 \times 90\% = 54$

$E_2 > E_1$，所以要采用方案 2，即按照控制价的 85% 报价。

6.5.2 决策之十六：四两拨千斤

有的招标文件要求按照折数报价，此时就可以考虑用四两拨千斤的方法，例如，如果投标人初步确定要按照 7 折的方式报价，那么可以考虑报出 6.98 折或 6.99 折。

> **案例 6-60**：某招标项目规定，投标人按照控制价的折数报价。经评审，有三位投标人的技术、商务均为满分，而他们的报价均为 7 折，按照规定，将采取抽签方式确定中标候选人的排序。先抽到的为第三中标候选人，第二个抽到的为第二中标候选人，最后抽到的为第一中标候选人。

在上述案例中，三位报价 7 折的投标人，如果采取 6.99 折的报价方式就能中标，而按照整数，如 7 折、8 折、9 折等的方式报价，是一种过于简单化的报价方式。

至于报至 6.9 折、6.99 折，还是 6.999 折，就要看招标文件对小数点位数保留的规定。

第 7 章

如何编制其他响应文件

7.1 响应文件的类型

政府采购分为招标性采购和非招标性采购，前者分为公开招标和邀请招标，后者分为竞争性谈判、询价、单一来源采购、竞争性磋商。

在招标性采购中，采购人（此时也可称为招标人）发出的采购文本称为招标文件；供应商（此时也可称为投标人）提交的响应文件称为投标文件。

在非招标性采购中，因为不存在招标，也就不存在招标人、招标文件、投标人和投标文件之说，采购人发出的采购文本应分别称为（竞争性）谈判文件、询价通知书、单一来源采购文件、（竞争性）磋商文件等；供应商提交的响应文件则分为谈判响应文件、报价文件（询价响应文件）、单一来源采购响应文件、磋商响应文件。

7.2 谈判响应文件的编写

竞争性谈判和竞争性磋商，与招标投标不同，前两者都有二次报价，后者只有一次报价，除了算数修正外，不得做任何改动。

竞争性谈判和竞争性磋商不同，前者从合格的供应商中，依照价格从低到高的顺序确定成交供应商；后者从合格的供应商中，依照总分从高到低的顺序确定成交供应商。在竞争性磋商的规定出台之前，有的地方还对竞争性谈判响应文件打分，但目前均不再打分。

7.2.1 只对报价进行谈判的项目

编写响应文件之前，应细读谈判文件，方法参见第 2 章。响应文件的编写方法参见第 6 章。

第一次报价可以按照控制价和分项控制价（如有）来报价，以争取更大的价格谈判空间，因为此类项目一般都不允许第二次的报价超过第一次的报价。

1. 采购数量非常明确的谈判项目

供应商应明确自己的目的与目标（参见第 5 章），是政府采购业绩优先，还是利润优先？如果是前者，可以按照成本价或合理的低于成本价来报价；如果是后者，参照第 6 章相关内容进行报价。

2. 采购数量会调整的谈判项目

如果谈判文件要求按照折数报价，供应商可以按照上述采购数量非常明确的谈判项目采用的方法来报价；如果要求按照具体的价格来报价，供应商可以考虑用不平衡报价的方法进行报价，也就是说，提高未来采购数量会增加的货物的单价，降低未来采购数量会减少的货物的单价。

7.2.2 需要对技术要求进行谈判的项目

1）供应商应首先争取成为初步合格的供应商，响应文件的编写参见第 6 章。
2）争取最有利于己方的技术要求，以减少竞争对手的数量。
3）报价方法参见 7.2.1。

7.3 询价响应文件的编写

1）响应文件的编写参见第 6 章。
2）由于询价采购没有二次报价，故可参照第 6 章相关内容进行报价。

7.4 单一来源采购响应文件的编写

1）响应文件的编写参见第 6 章。
2）由于需要对价格等进行协商，响应文件应根据项目情况提供采购标的成本、同类项目合同价格以及相关专利、专有技术等情况说明。
3）供应商的报价应当是合理的覆盖采购标的成本的报价。

7.5 磋商响应文件的编写

7.5.1 非 PPP 项目

1）响应文件的资格、符合性等的编写参见第 6 章。
2）报价方法参见 7.2.1、7.2.2。

7.5.2 PPP 项目

按照 PPP 项目磋商文件的要求编写，技巧参见前文，案例参见 6-59。

参 考 文 献

[1] 刘海桑. 政府采购、工程招标、投标与评标 1200 问 [M]. 北京：机械工业出版社，2012.

[2] 刘海桑. 决策情报学——从概念、框架到应用 [M]. 厦门：厦门大学出版社，2018.

[3] 刘海桑. 政府采购、工程招标、投标与评标 1200 问 [M]. 3 版. 北京：机械工业出版社，2021.

案例索引

案例 1-1 ……………………………………… 1

案例 2-1 ……………………………………… 4

案例 2-2 ……………………………………… 7

案例 2-3 ……………………………………… 11

案例 2-4 ……………………………………… 15

案例 2-5 ……………………………………… 15

案例 2-6 ……………………………………… 15

案例 2-7 ……………………………………… 16

案例 2-8 ……………………………………… 16

案例 2-9 ……………………………………… 16

案例 2-10 …………………………………… 17

案例 2-11 …………………………………… 17

案例 2-12 …………………………………… 18

案例 2-13 …………………………………… 19

案例 2-14 …………………………………… 20

案例 2-15 …………………………………… 20

案例 2-16 …………………………………… 21

案例 2-17 …………………………………… 21

案例 2-18 …………………………………… 22

案例 2-19 …………………………………… 22

案例 2-20 …………………………………… 22

案例 2-21 …………………………………… 22

案例 2-22 …………………………………… 23

案例 2-23 …………………………………… 23

案例 2-24 …………………………………… 24

案例 2-25 …………………………………… 24

案例 2-26 …………………………………… 24

案例 2-27 …………………………………… 25

案例 2-28 …………………………………… 25

案例 2-29 …………………………………… 25

案例 2-30 …………………………………… 26

案例 2-31 …………………………………… 26

案例 2-32 …………………………………… 26

案例 2-33 …………………………………… 26

案例 2-34 …………………………………… 27

案例 2-35 …………………………………… 27

案例 2-36 …………………………………… 28

案例 2-37 …………………………………… 32

案例 2-38 …………………………………… 35

案例 2-39 …………………………………… 36

案例 2-40 …………………………………… 38

案例 2-41 …………………………………… 43

案例 2-42 …………………………………… 44

案例 3-1 ……………………………………… 50

案例 3-2 ……………………………………… 52

案例 3-3 ……………………………………… 53

案例 3-4 ……………………………………… 53

案例 3-5 ……………………………………… 53

案例 3-6 ……………………………………… 54

案例 3-7 ……………………………………… 55

案例 3-8 ……………………………………… 55

案例 4-1 ……………………………………… 56

案例 4-2 ……………………………………… 58

案例 4-3 ……………………………………… 61

案例 4-4 ……………………………………… 66

案例 4-5 ……………………………………… 70

案例 5-1 ……………………………………… 76

案例 5-2 ……………………………………… 77

案例 5-3 ……………………………………… 77

案例 5-4 ……………………………………… 78

案例 5-5 ……………………………………… 80

案例 5-6 ……………………………………… 80

案例 5-7 ……………………………………… 84

案例 5-8 ……………………………………… 85

案例 6-1	86		案例 6-31	117
案例 6-2	87		案例 6-32	118
案例 6-3	89		案例 6-33	118
案例 6-4	89		案例 6-34	118
案例 6-5	92		案例 6-35	118
案例 6-6	92		案例 6-36	118
案例 6-7	93		案例 6-37	119
案例 6-8	94		案例 6-38	119
案例 6-9	96		案例 6-39	119
案例 6-10	98		案例 6-40	119
案例 6-11	99		案例 6-41	119
案例 6-12	100		案例 6-42	119
案例 6-13	101		案例 6-43	120
案例 6-14	101		案例 6-44	120
案例 6-15	101		案例 6-45	120
案例 6-16	102		案例 6-46	121
案例 6-17	104		案例 6-47	122
案例 6-18	104		案例 6-48	123
案例 6-19	105		案例 6-49	124
案例 6-20	106		案例 6-50	124
案例 6-21	106		案例 6-51	124
案例 6-22	106		案例 6-52	125
案例 6-23	106		案例 6-53	125
案例 6-24	107		案例 6-54	126
案例 6-25	107		案例 6-55	126
案例 6-26	107		案例 6-56	127
案例 6-27	108		案例 6-57	127
案例 6-28	108		案例 6-58	128
案例 6-29	109		案例 6-59	128
案例 6-30	110		案例 6-60	130